그녀의 주소

조자열 지음

하나로선
사상과문학사

여호와께서
내 음성과 내 간구를 들으시므로
내가 저를 사랑하는 도다.

그 귀를 내게 기울이셨으므로
내가 평생에 기도하리로다. 아멘

[시편 116: 1~2]

나의 어머니
현선자권사님(1993~2014)의
희생과 사랑을 기억하며

그리운 어머니께 이 책을 드립니다

|차 례|

추천사 • 10
작가의 말 • 13

1부_ 항아리의 노래

옥한흠 목사님의 사계 • 16
새벽을 깨우며 • 19
신당동 할아버지 • 21
아버지의 자전거 • 27
뒤늦은 성탄절 이야기 • 30
내가 가진 것이 너무 많아서 • 35
아버지의 건축헌금 • 38
단풍잎 편지 • 43
녹슨 세 개의 못 • 46
장부가 • 53
아버지의 도시락 • 57
항아리의 노래 • 61

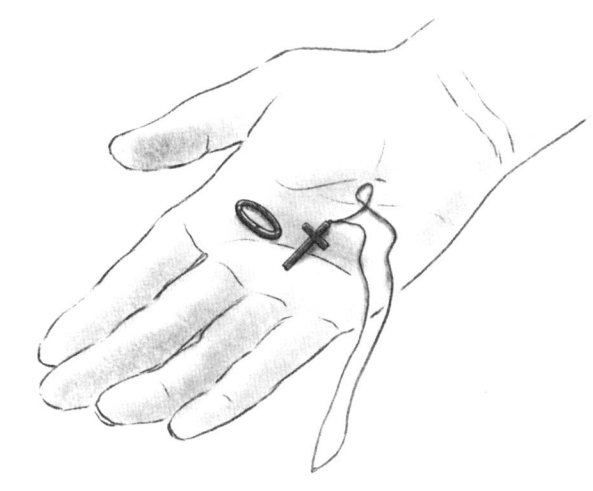

2부_ 선생님의 금반지

고 백 • 64

채 송 화 • 66

어머니의 식탁 • 68

선생님의 금반지 • 73

김장을 담그며 • 78

숲에서 • 83

어머니의 성경책 • 86

사랑의 젖 타령 • 89

2월의 구혼여행 • 93

어머니, 그 아픈 이름 • 98

오른손이 왼손에게 • 102

이사를 하면서 • 107

3부_ 언니의 첼로

나 이제는 • 112

백두산 천지에서 • 114

그녀의 주소 • 117

바우가 떠나던 날 • 122

누가 내 이름을 불러 주세요 • 128

She didn't say good bye • 132

잘 가라 꼬마 화가 미순아! • 139

아름다운 초대 • 145

바구미 대란 • 150

언니의 첼로 • 154

팔로미나의 기적 • 158

4부_ 혜주랑 할미랑

빨간 필통 • 168

공일이 언제고? • 172

감자채 볶음을 하며 • 176

컬린에게 (Dear my Grandson) • 180

늙은 호박 한 덩이 • 184

토론토에 가면 • 187

새우야 새우야 • 195

혜주랑 할미랑 • 198

마스크 • 203

세느강변에서 • 208

| 추천사 |

'그녀의 주소' 발간에 부쳐

박 영 률 박사
하나로 선 사상과 문학 발행인/시인

　조자열 작가님의 첫 번째 수필집 '그녀의 주소'를 축하드리며 진심으로 기뻐합니다. 조 작가님은 '하나로 선 사상과문학'지를 통하여 2011년 여름호에 수필로 정식으로 등단하신 이래 계속해서 작품을 발표 하셨습니다. 조 작가님의 글을 대하면 푸근하고 정이 넘치고 마음을 편하게 해 주는 것을 느낄 수 있습니다. 그도 그럴 것이 35년간이나 초등학생들을 가르치는 교사로서 가정에서는 주부이며 어머니로서의 풋풋한 정이 넘쳐나는 덕이 묻어나는 글들입니다. 그 간에 발표한 글과 꼭꼭 숨겨두었던 주옥같은 글(수필)을 단행본으로 발간하셔서 세상에 내 놓으시니 한국 수필계의 주목을 받을 것이 분명 합니다.
　어느 작고한 원로 소설가가 대학에서 학생들에게 자주 하신 말이 전해지고 있는데 그것은 '젊어서는 시를 쓰고 나이가 들어가면서는 수필이나 소설을 써야한다'고 한 것은 그 만큼 경험과 체험을 있는 그대로 일인 창작문학으로써 자신만이 체험한 경험을 드러내게 되어 독자들에게 폭을 넓혀 주는 인문학으로서의 역할에도 크게 기여한다는 사실입니다. 나 자신도 근래에 와서 수필을 즐겨 읽으며 내 자신이 겪어보지 못한 것들을 수필 작가들을 통하여 간접 경험에 재미를 크게 보고 있는 것이 사실입니다. 특히 35년간 초등학생들을 지도하면서 체험한 것을 동시로 표현하여 수필가로서 동시에 시인까지 되셨다는 것은 그의 언어를 통한 예술성이 객관적으로 인정받았으니 또한 축하를 드리는 것입니다. 동시는 어린이에 대한 사랑과 동시에 인간 모두에게 주는 사랑이 없이는 창작이 어렵다고 볼 때 조 작가의 문학적 감수성과 서정에 기대가 큽니다.

  우리 모두 역량 있는 작가의 작품집 '그녀의 주소'를 읽으므로 훈훈한 인간미와 덕을 깨우치는 계기가 될 것이 분명하기에 모든 사람들이 읽으므로 각박한 현실에 크게 도움이 될 것을 믿어 의심치 않으며 맑고 향기로운 세상을 이어가는 계기가 되었으면 좋겠습니다.

  책 읽기를 등한시 하면 미래를 약속할 수 없다는 말처럼 우리는 책을 읽으므로 보다 나은 미래를 약속받았으면 좋겠습니다.

  우리 모두 잘못된 감정은 멀리하고 우리의 정신세계를 살찌우는 정서함양에 힘써 주시기를 간절히 소망하며 귀한 수필집 '그녀의 주소' 출간을 진심으로 축하드리며 축복합니다.

| 작가의 말 |

나의 글들은
옷장에 오랫동안 걸려있던
철지난 옷들 같습니다.

혼자서 아끼고 바라보다가
꺼내서 세탁도 하고 수선도 하고
부끄럽지만 빨랫줄에 널었습니다.

새 옷도 몇 벌 장만하니
기분이 상쾌합니다.

잘 정리할 수 있도록
잘 빨 수 있도록
도와주신 모든 분들께
감사를 드립니다.

1부

항아리의 노래

옥한흠 목사님의 사계

목사님!
올 여름은 너무 무더웠습니다.
세계 곳곳에서는 기근과 지진과 난리의 소문들이 무성합니다.
사람들은 갈 바를 알지 못해 겁먹은 얼굴로 우왕좌왕합니다.
상처 입은 자들에게 주님의 은혜를 흘려보내고 싶어
우리는 목사님이 가신 그 곳을 바라봅니다.

봄날의 목사님은 복음의 씨앗을 심고
우리 영혼이 나무처럼 잘 자라기를 바라셨지요.
목사님은 오직 말씀, 말씀의 시냇가로 우리를 인도하셨습니다.
온유함과 엄격함이 묻어나던 목사님의 그 미소가 그립습니다.

여름날의 목사님은 참된 제자가 되라고

각 사람에게 천둥 같은 열정을 쏟으셨습니다.
어린 나무 같은 우리가
거친 태풍에도 흔들리지 않도록 두 손 잡아주시며
황폐한 땅에 푸른 숲이 되기를 소망하며
오직 기도의 뜨거운 땀방울을 흘리셨습니다.

가을날의 목사님은 풍성한 꿀을 우리에게 먹이시고
황홀한 단풍의 자리에서 낮은 데로 임하는 낙엽처럼
바위 같은 사역을 오정현 목사님의 어깨 위에 부탁하셨습니다.
단풍잎 떨어진 자리마다 생명의 봄날을 주시려는
목사님의 사랑이 느껴져
우리의 눈시울도 붉게 적셔집니다.

겨울날의 목사님은 흰 눈이 온 세상을 품듯이
욕심 앞에 흔들리던 교회들의 화합을 위하여
'내 탓이오, 내 탓이오' 가슴을 찢으며
추운 강가에 오래도록 서 계셨습니다.
산처럼 겨울바람을 막아 주시던 목사님은
쇠잔한 육체의 옷으로 갈아입으시고
사랑하면 기도한다는 진리를 가슴에 남겨주셨습니다.

이제는 압니다.
지진이 우리의 인생을 흔들고 풍랑이 밀려와도

초록빛의 기도지팡이로 인생을 개간해 나가며
순종의 두레박으로 사랑의 샘물을 길어 올리면
단풍잎 같이 환하게 웃으실 목사님의 미소를
어디서나 뵐 수 있음을.

구월에
하늘 문이 열리던 그 구월에
우리는 목사님을 생각합니다.
봄, 여름, 가을, 겨울 오직 복음의 나무만 생각하셨던
그 분의 그늘에서
조용히 목사님을 불러 봅니다.

아버지!
이 땅의 언어로는
그 사랑 다 표현 할 수 없는
우리들의 영적인 아버지라고!

(옥한흠 목사님 1주기를 추모하며)

새벽을 깨우며

어두운 새벽, 서초역 3번 출구
아버지의 큰 손을 잡고 가는 새벽길은
하나도 무섭지도 춥지도 않았습니다.
많은 사람들이 잠든 시간 반포대로 121번지는
햇빛처럼 환하게 불이 켜집니다.

온가족이 말씀의 강단 앞에 앉아 두 손을 모을 때
아버지는 자녀의 믿음의 키가 자란다고 기뻐하시고
어머니의 눈가에는 이슬이 맺힙니다.

사랑의 동산에
오월의 나무처럼 키가 크신 목사님이 계십니다.
함께 찬양하며 특새와 일새가 되어 날아오를 때

오케스트라의 지휘자처럼 우리를 인도하십니다.

일 년 동안 새 생명을 품고 잘 달려왔다고,
우리가 왜 울었는지 알고 있다고
지친 우리의 어깨를 토닥여 주시는 목사님.

아! 수많은 영가족들과 함께 먹던
바나나와 꽈배기, 따끈한 어묵은
주님께서 차려주신 정다운 식탁입니다.

함께 앉고 싶은 이름들을 그리워하며
은혜의 대로 위에 기도의 씨앗을 심으면
언젠가 반가운 꽃들이 피어날 것입니다.

12월의 축제를 또 손꼽아 기다립니다.
글로벌 광장 성탄 나무에 깜빡깜빡 전등이 들어오면은
어둡던 세상이 환해집니다.
다락방! 다락방의 기도의 등불이 꺼지면,
환하던 세상이 어두워집니다.
아직도 사랑하며 감사할 날들이
달력으로 한 장이나 더 남았습니다.

(사랑의 교회 입당을 감사드리며 2013.11)

신당동 할아버지

30여 년 다니던 학교를 명예퇴임 하는 날, 나는 교실에서 기도를 드렸다. 아무런 사고 없이 교직생활 30년을 지켜 주신 것과 아이들과 함께 가르치고 배우는 축복의 시간을 허락하셨음을 감사드리고 싶었다.

퇴임 후 친한 후배의 부탁으로 시간강사로 학교를 다니기로 했다. 담임교사가 갑자기 병가를 내어 하루 이틀 공석이 될 때, 또는 출산 휴가를 낼 때 그 자리를 채우러 가는 것이다. 부담도 없을 뿐더러 은퇴 후 삶에 새로운 활력소가 되어 준다. 광희 초등학교를 찾아 가는 중 지하철 신당역이라는 말이 자꾸 친근하게 느껴진다. 그 유명한 신당동 떡볶이 때문인가?

나의 의문은 곧 풀어졌다. 신당동! 어린 시절 할아버지께서 사시던 동네 이름이다. 유년시절 할아버지의 생신날이 되면 큰 집 작은 집의 사촌들이 모두 모였다. 할아버지 댁 방마다 불이 환하게 켜졌던 기억이 난다. 대청마루에 크게 걸려있던, 굵은 붓글씨로 힘 있게 써 내려간 '항상 기뻐하라'는 액자도 생각이 난다. 우리 손주들의 이름 끝에 기쁠 '열(悅)'자가 모두 돌림자로 들어감도 항상 기뻐하며 살라는 할아버지의 뜻이었다.

큰어머니와 작은 어머니들은 떡, 쌀, 과일과 채소들을 머리에 이고 지고 오셨다. 특히 달걀 장사를 하시던 삼양동 셋째 작은 엄마가 가져오시는 음식들은 늘 모두를 감동시켰다. 사촌들은 삼촌 방에 모여 퀴즈게임을 했는데, 진 사람들은 부엌에 나가 간식을 가져오는 심부름을 맡곤 하였다.

할아버지는 12남매로 많은 자손을 두셨다. 이 자손들이 모여서 대청마루에 앉아 예배를 드릴 때 온 집안에 울려 퍼지던 찬송가의 합창은 지금도 내 귀에 들리는 듯하다. 부엌에서 들려오던 젊고 고우셨던 작은 어머니들의 웃음소리와 마당에 피어 있던 다알리아와 수국의 향기까지 나는 어렴풋이나마 아직 기억한다. 유년의 추억의 창고에 신당동이 있었다.

할아버지는 1919년 3.1운동 당시에 만세 시위에 가담하시어 3개월간의 혹독한 옥고를 치르셨다고 한다. 옥고를 치르신 후에 복음 전도자가 되기로 결심하시고 신학교에 입학하시어 복음 전도 사업에 헌신하시다가 1928년 목사안수를 받으시고 광희문교회에 담임 목사로 시무하셨다. 1943년에는 일제 강점기 교회의 탄압에 맞서시다가 또 다시 투옥되시어 잔혹한 형고를 치르셨다. 할아버지의 추모 날이 되면 작은 아버지들께서 들려주시던 말씀들이다.

　작은 아버지들은 할아버지의 투철한 민족정신과 복음에 대한 열정을 이야기 하셨고 작은 어머니들은 할머니의 노고를 이야기 하셨다. 일제 강점기에 그렇게 많은 자녀들을 키우시느라 얼마나 힘드셨을까. 할머니께서는 할아버지께서 투옥되신 기간에는 방에 불을 때지 않았다고 하신다. 그런 할머니의 노고를 생각하시어 할아버지께서는 '복음의 꽃'이라는 시를 지어서 할머니께 드리기도 하였다니 복음에 대한 열정만큼 부부 사랑의 멋도 아셨던 것 같다.

　12남매를 키우는 어려운 형편 가운데서도 신학생들의 가정을 도우신 이야기는 자손들에게 많은 귀감이 된다. 지금은 이름을 대면 많은 이들이 알만한 훌륭한 목회자들이 되셨다.

　손주들이 많았기에 할아버지의 사랑을 듬뿍 받은 기억은 없지만 할아버지께서는 생신날 모인 손주들의 이름을 일일이 부르며 머리를 쓰다듬어 주셨다.

　초등학생 때 할아버지께서 안양감리교회로 부흥회를 인도하러 오셨다. 할아버지께서 그 많은 자손들의 교회 중에 우리 교회에 오신다는 것이 손뼉을 칠만큼 기뻤다. 할아버지는 부흥회 기간 동안 목사관에 머무셨는데 나는 하교 후 집에 갈 때마다 할아버지께 꼭 들려서 인사를 하고 갔다. 할아버지를 가까이에서 뵙는 일도 좋았고 인사성이 바르다고 칭찬을 받는 일도 좋았다.

　할아버지는 머리에 손을 얹고 주님의 일꾼이 되라고 기도해 주셨다. 그러나 진짜로 내가 할아버지를 찾아뵈었던 이유는 집에 돌아갈 때 한 움큼씩 챙겨주시던 간식 때문이었다. 지금도 잊을 수 없는 꿀맛 같던 노란 바나나, 그리고 처음 먹어 보는 초콜릿의 달콤함이란! 간식을 챙겨올 때 유난히 친절하게 나를 부르던 깍쟁이 작은 언니의 웃음소리도 생생하다.

비록 부흥회 집회에 참석해서는 거의 졸기만 했지만 내게는 너무나도 달콤했던 간식의 기억, 삼일 간의 부흥회를 잊을 수가 없다. 그 때 그 시절에는 교회마다 부흥회가 있었다.

할아버지의 기도대로 주님의 일꾼이 되지는 못했지만 나는 할아버지를 존경하는 많고 많은 손녀딸 중에 특별한 한 명임에는 틀림없다. 할아버지의 이야기를 지금의 나의 자녀들에게 들려주는 일이 기쁘고 즐겁다.

사촌들의 혼사 때 작은 어머니들을 뵐 때면 고우셨던 모습 위에 쇠잔한 세월의 무게가 고스란히 내려 앉아 있음을 느낀다. 작은 아버지들은 대부분 소천 하셨지만 작은어머니들은 아직 자녀들 곁에서 기도의 등불을 밝히고 계신다. 어두운 이 세대에 기도의 등불을 밝히는 것은 얼마나 중요한 일인가. 작은 어머니들은 말씀 하신다. 피부며, 걸음걸이, 목소리까지 내가 친할머니를 제일 많이 닮았다고. 그래서 할아버지께서 나를 제일 귀여워 하셨나 보다고 혼자 재미있게 생각해본다. 일찍 돌아가신 때문인지 할머니의 기억은 별로 남아있지 않아 안타깝지만 내게 할머니의 모습이 많이 남아 있다니 기분 좋은 일이다.

머리에 짐을 이고 지고 안양에서 신당동까지 몇 번이나 차를 갈

아타고 가셨던 나의 어머니는 얼마나 힘드셨을까? 요즈음은 시댁에 음식을 만들어 가는 일은 흔치 않고, 용돈을 드리거나 외식하는 일로 효도와 축하를 대신 하는 풍조이다. 짐을 내려놓자마자 어머니는 냉수 한 대접 들이키시고 얼른 행주치마를 덧입으셨다. 큰어머니는 늘 나박김치는 엄마의 손맛이 최고라고 하셨다. 어린 시절 엄마 손잡고 가던 나들이 길이 그리워진다. 엄마에게도 고운 시절, 꿈을 꾸는 시절이 있었겠지. 우리의 찬송이 울려 퍼지던 신당동 그 집에는 지금 누가 살고 있을까. 그들도 항상 기뻐하며 살고 있을까.

할아버지께서는 예배 중에 주님의 부름을 받고 싶다고 평소에 말씀하셨다. 결국 할아버지는 평소의 바램대로 1972년 어느 날, 일선장병들의 위로 예배를 마치고 돌아오시는 길에 판문점 자유의 다리위에서 북녘 땅을 향하여 애국가를 부르시다 소천 하셨다고 한다. 내가 여고 1학년 때의 일이다.

감리교 성동 지방회장(葬)으로 진행된 할아버지의 천국가시는 길은 은혜롭고 장엄했다. 평소에 천국에 들어가는 일은 기쁜 일이니 절대로 울지 말고 찬송을 많이 부르라고 말씀을 하셨지만 흐르는 눈물들을 감출 수 없었다. 자녀들에게 한 켤레의 양말을 사주는 것보다 한마디의 성경말씀을 가르쳐주라는 유언을 생전에 남기셨다고 한다. 항상 기뻐하며 범사에 감사하고 쉬지 말고 기도하라는 말씀과 함께.

진정한 어른이 그리워지는 이 시대에 나는 할아버지가 보고 싶다. 할아버지 댁 대청마루에 모여 찬송하던 친척들은 다 어디로 가셨을까. 오직 하나님 사랑, 나라 사랑, 민족 사랑을 평생 복음 전도자로서 외치셨던 할아버지의 신앙은 나의 마음속에 커다란 나무로 심겨져 있다.

나의 손주들은 나의 이름 앞에 어떤 수식어를 붙여 줄 것인가. 인생의 황혼 길에서 남은 하루하루를 더욱더 성실하게 살겠노라 다짐하는 이유이다.

아버지의 자전거

　내가 다니던 초등 학교는 시장을 지나 벌판을 지나 한참을 걸어 갔다. 금성방직 앞 벌판길은 여름엔 덥고 겨울엔 추웠지만 그 밑으로는 개울이 흘러서 다리 위에서 한참 구경을 하다보면 시간이 가는 줄도 모르는 재미있는 길이었다. 아버지는 꼭 자전거 뒤에 막내딸을 태워서 학교에 데려다 주시고 다시 공장으로 출근 하셨다. 자전거 의자에 여름에는 돗자리 방석을, 겨울에는 두툼한 방석을 깔아 놓고 막내딸을 태워다 주시는 것을 기쁨으로 아셨다.

　겨울바람이 씽씽 불 때도 아버지 등에 가만히 기대면 포근하였다. 아버지의 자전거를 타고 아이들을 획획 앞질러 가는 일이 신나고 즐거웠지만 차츰 머리가 커지고 고학년이 되니 친구들과 재잘거리며 걸어서 다니고 싶었다. 당번이라 학교에 일찍 가야 한다고 핑계를 대어 보지만 그런 날이면 아버지는 더욱 일찍 자전거를 대문 앞에 대기 시켜놓고 기다리셨다.

사춘기가 되어 한번은 엄마에게 투정 부리느라고 아침밥을 안 먹고 학교로 달아났는데 아버지가 찐빵을 사갖고 학교로 오셨다. 교실 밖 복도에 서서 휘-휘- 찐빵 봉지를 흔드는 모습에 친구들과 함께 깔깔깔 웃었던 기억이 난다.

금요일 오후엔 집사님들 댁을 찾아다니며 오늘 속회 구역 예배는 어느 집에서 드리겠노라고 전하는 연락병이 되었다. 그때는 집집마다 전화가 없었다. 아버지께서 자전거로 한 바퀴 도시면 되실 일을 꼭 나에게 시키셔서 교인들은 나를 꼬마 속장이라고 부르곤 했다. 그 일이 굉장히 중요한 일인 것처럼 느껴졌다.

나쁜 성적표를 받은 날이면 엄마에게 혼이 날까봐 공장으로 아버지를 찾아가서 기다렸다. 아버지는 무조건 잘했다고 칭찬하시고 마음만 먹으면 더 잘 할 수 있다며 막내딸을 믿어 주셨다. 교사가 되어 아이들을 가르치는 지금, 아버지의 칭찬은 내 마음에 살아있어 나는 부족한 아이들의 머리를 더 자주 쓰다듬어 주게 된다.

지금 마음에 품고 기도하는 경호 어머니를 생각한다. 늘 바쁘시고 남자보다 더 많은 일을 하시며 가족의 모든 짐을 말없이 지고 가시는 분! 오직 일만이 자신에게 주어진 삶인 것처럼 가족을 위해 희생하시는 분! 상담할 때마다 겉으로는 웃어보여도 그 삶의 무게가 느껴져 안타까운 마음이 든다. 바쁜 일정가운데 어렵게 시간을 내어 주신 그 분이기에 교회로 모시고 가는 일이 설렌다. 그 분이 하나님을 믿고 마음의 평안을 얻기를 바라는 마음이다. 혼자서 지고 가는 인생의 모든 짐들을 경호 어머니께서 주님의 자전거 위에(십자가 밑에) 내려놓기를 기도한다.

경호 어머니! 너무 힘이 들면 누군가에게 기대어 보세요! 찬바람이 불어도 막아주는 그 큰 등이 얼마나 따뜻한지 몰라요. 피곤한 인생길! 타박타박 걷다 지칠 때 아버지의 자전거를 한 번 쯤 타 보세요. 짐이 가벼워지고 기분도 상쾌해 집니다. 힘들 때는 기대세요. 아플 때는 아프다고 엉엉 울어 보세요. 외로울 때는 외롭다고 외치세요. 바람이 어머니의 짐을 모두 한 방에 날려 버릴 것입니다. 바람이 어머니의 눈물도 씻어줄 것입니다.

주님은 이 세상에 경호 어머니 밖에 없는 것처럼 사랑해 주실 것입니다. 사랑하는 내 딸아! 라고 부르며 따뜻하게 안아 주실 것입니다. 우리가 바쁘면 바쁠수록 더욱 일찍 일어나 자전거를 준비해 주는 아버지처럼 마음에 안 드는 성적표를 보고도 다시 한 번 나를 믿어 주시는 아버지처럼 한 끼만 굶어도 절절 매시는 아버지처럼요.

그런 아버지를 소개해 드릴게요. 우리의 모든 짐을 맡아줄 그 아버지를 우리 함께 만나러 가요.

(2007.10.17)

뒤늦은 성탄절 이야기

　쇼핑을 잘하는 친구의 도움을 얻어 남싸롱(남대문시장)에서 구례의 할머니, 할아버지들께 드릴 털목도리와 버선 등 선물을 샀다. 친구의 남편 김집사님은 흔쾌히 택배기사가 되어 언제나 우리를 구례에 기쁨으로 실어다 주신다.
　친구 집사님들과 구례대산중앙교회를 섬긴지 어언 5년이 넘었다. 구례에 땅을 사서 부자가 되어보자고 찾아 갔다가 친구의 소개로 알게 된 교회이다. 지금은 어떤지 몰라도 그때 구례의 야산들은 땅 값이 무척 쌌다. 작지만 내가 사놓은 땅이 자녀들이 어른이 되었을 때 굉장히 올라서 자녀들이 부자가 되는 꿈을 꾼 것 같다. 지금도 생각하면 우습다.
　하지만 힘들게 시골교회에서 사역하시는 목사님 부부를 뵙고 이러한 생각들이 얼마나 부끄러웠는지 모른다. 진정한 부자는 하늘나라 곳간에 재물을 쌓아두는 자가 아닐까? 자녀에게 물려줘야 할 것은 땅 문서가 아니라 어느 교회를 사랑하며 섬긴 엄마의 이야기라는 생각이 들었다. 결국 땅 값으로 쓰려던 돈은 교회의 건축헌금으로 드려지면서 친구 부부와 교회사랑 나들이가 시작되었다.

올 해도 어김없이 사랑의 친구들은 성탄절 선물을 준비하라고 성금을 보내준다. 가슴이 따뜻해지며 눈물이 반짝인다. 이런 심부름은 얼마든지 할 수 있다. 건축헌금에 함께 동참했던 친구들, 그리고 잊지 않고 후원을 해주는 친구들이 고맙다. 우리들은 늘 사랑에 빚진 자로써 어딘가에서 사랑을 나누며 살아갈 때 마음속의 통장이 풍성해짐을 느낀다. 그래서 나는 구례대산교회에 가는 길이 즐겁다. 친구와 나는 먼 길을 '쓔우~웅!' 날아간다.

그곳에는 나이 쉰이 넘어서 늦게 목회자의 길에 들어서신 송아지처럼 순박한 목사님과 교회 일이라면 어느 누구와도 싸워서 지지 않으시는 일 년 365일 철야기도를 하시는 열정적인 사모님이 계신다. 산에서 돌아다니다가 목사님의 양아들이 되어 언제나 우리를 반갑게 맞이해주는 땡칠이도 살고 있다. 교회를 묵묵히 섬겨주시는 노집사님 부부도, 꽃 농장을 하시는 이 집사님 부부도 계신다.

어느 새벽, 성도 두 명과 땡칠이와 드리던 새벽 예배를 지금도 잊을 수가 없다. 성가대도 없고 힘찬 찬송소리도 없었지만 우리들의 작은 목소리를 주님께서 다 들으시는 것 같았다. 목사님의 말씀은 간절하고 진지하셨다. 마치 수십 명의 성도들이 듣고 있는 것처럼 설교하시던 목사님은 새벽예배가 끝나고도 오래오래 기도 하셨다. 강대상 쪽에서 가끔씩 '주여, 주여' 소리가 들려왔는데 목사님은 무슨 기도를 그리도 간절히 하셨을까! 교회의 부흥을 위하여 기도하셨을까? 어쩌면 그저 편찮으신 할머니, 할아버지들을 위해 기도하셨는지도 모르겠다. 진정한 예배는 오직 주님께 드리는 것임을 그 새벽에 나는 깨달았다. 성도들의 수는 인간이 느끼는 만족에 지나지 않을 것이다.

이런저런 지난 추억에 잠시 잠겨있을 때 우리는 교회에 도착했다.

언제나 부족한 우리를 반갑게 맞아주시는 목사님! 구수한 시래기 된장국에 늦은 점심을 마치고 교회 본당에 들어갔는데, 강대상 정면에 삐뚤빼뚤 글씨로 촌스럽게 오려 붙인 글자가 눈에 들어 왔다. 기.쁘.다. 구.주. 오.셨.네.!

사모님은 볼품이 없으니 떼어 버리자며 교회에 일꾼이 없음을 안타까워하신다. 솜씨가 좋은 친구는 남은 씨트지에 '축! 성탄' 글자를 오려 붙이고 쓱싹쓱싹 별과 눈모양도 오려서 유리창에 붙이고 풍선도 불어 매단다. 조금은 성탄분위기가 난다. 어린 시절에 다녔던 교회처럼 소박하고 정겹다. 새롭게 꾸민 벽면을 보고 사모님이 결국 버리신 볼품없는 글자 '기쁘다 구주 오셨네!' 여덟 개를 나는 슬그머니 주워와 교회 식당 벽에 붙여 놓았다. 한 자 한 자 힘겹게 오리셨을 목사님의 성탄 축하 마음을 나는 차마 버릴 수가 없다. '쁘'자와 '셨'자는 아무리 봐도 어색하지만 그 글자가 얼마나 오리기 힘든지 나같이 재주 없는 사람은 안다. 컴퓨터로 작성한 정확하고 세련된 글자체는 아니지만 목사님의 마음이 소박하게 녹아있는 세상에서 제일 아름다운 글자이다.

   성탄절 날 이 작은 교회는 떡국을 준비하고 마을 사람들을 초청한다. 해마다 부활절, 추수감사절이나 성탄절이면 마을 잔치를 하신다고 한다. 없는 살림에 이렇게 잔치를 벌여도 되는지 마음속으로 살짝 걱정했는데 성탄절에 '잔치의 영'이 임해야 한다는 목사님의 말씀을 듣고 나는 뒤늦은 회개를 한다.
   성탄절 아침에 이장님이 방송을 하셨다고 한다.
   "오늘 크리스마스 예수님 생신이라서 교회에서 잔치를 한다고 합니다. 모두들 교회에 오셔서 따끈한 떡국 한 그릇 꼭 드시고 예수님 생신도 축하해드리고 가십시오! 아, 선물도 있답니다. 서둘러 나오세요."
   이 얼마나 정겨운 초대장인가! 그 떡국에 잡채에 동그랑땡에 친구들의 감사헌금이 들어 있구나! 털목도리를 받고 좋아하실 어르신들을 생각하니 가슴이 따뜻해진다. 내년에는 더 좋은 선물을 갖고 와야겠다. 그러나 무엇보다 가슴이 뭉클한 것은 세상에서 제일 아름다운 글자, '기쁘다 구주 오셨네'이다. 그 중에도 제일은 '쁘', '셨' 두 글자! 글자도 성탄절을 축하하고 싶었을까? 너무도 즐거워 트위스트 춤을 추는 것 같은 삐뚤빼뚤 글자들. '쁘', '셨' 두 글자가 한 번도 춤을 춰 본적이 없는 고집 센 내 몸뚱이에게 나지막이 속삭인다.

'너도 한 번 춤 춰 봐~ 얼마나 기쁜지 몰라!'
나도 작게 응답을 한다.
'그래, 즐거운 성탄, 메리크리스마스!'

 구례대산중앙교회는 지금은 무엇이나 '뚝닥 뚝닥' 잘 고치시는 멕가이버 같으신 제 3대 목사님과 들꽃같이 고우신 사모님께서 시무하고 계십니다.
 땡칠이도 훌륭한 청년으로 잘 자라서 교회의 믿음직한 일꾼이 되었답니다. 그의 이름은 정철희 형제 입니다.

나는 심었고 아볼로는 물을 주었으며

오직 하나님은 자라나게 하셨나니

(고린도전서 3:6)

내가 가진 것이 너무 많아서

그들의 새까만 맨 발을 보면서
양말과 신발이 너무 많아서 나는 힘들었구나.
그들의 빗지 않아서 헝클어진 머리칼을 보면서
드라이에 파마까지 하고 다니는 나는 그래서 바빴구나.

그들의 부엌에 걸린 초라한 그릇 서너 개를 보면서
찬장 가득 채워진 나의 그릇들, 그래서 근심이었구나.
더럽고 남루한 냄새나는 그들의 옷을 보면서
철이 지나도록 옷장에 걸려 있는 입지 않은 나의 옷들
그래서 어느 옷을 입을까 늘 마음이 갈등이었구나.

단풍잎 같은 손들을 지치도록 흔드는 아이들을 보면서
내가 먼저 내밀지 못한 손들은

반지를 끼고 매니큐어를 칠했어도 부끄러운 손이었구나.

별들이 쏟아 질 것 같은 그들의 맑은 눈동자
아! 주님은 그들에게 맑음을 주셨군요.
배부른 내가 도저히 가질 수 없는

또르르 꽃잎이 필 것 같은 명랑한 그들의 웃음소리
아! 주님은 그들에게 밝음을 주셨군요.
근심 많은 내가 흉내 낼 수 없는

팔랑팔랑 나뭇잎같이 뒹굴며 거리에서 잠드는 아이들
아! 주님은 하늘로 덮어 주시며 바람으로 만져 주셨군요.
포근한 침대에선 바라 볼 수 없는 하늘로

따뜻한 한 끼의 식사가 그리운 그들의 삶에
선교사님의 땀과 눈물과 사랑으로 찾아오신 주님!

빈 마음을 보시고 나의 삶에 찾아오신 주님을
나는 늘 바쁘다고 문 밖에 세워 둔다.
"띵동, 띵동. 사랑하는 딸아!"
"잠깐만, 잠깐만 기다리세요. 잠깐만!"

무릎 꿇고 시간 맞춰 성경을 읽는 나보다

주님과 대화하며 동행하는 나를 원하신다.
"따르릉, 따르릉. 사랑하는 딸아!"
"알아요, 알았어요. 일요일에 찾아 뵐게요."

한 민족, 한 가정, 한 사람을 귀하게 여기시는
주님의 사랑은 땅만큼 하늘만큼 커서
나는 오늘 밤 목이 아프도록 하늘을 올려다 본다.

(2004 캄보디아 선교 여행을 다녀와서)

아버지의 건축헌금

30년이나 다니시던 제지공장을 정년퇴직하시던 날, 따뜻한 위로의 잔치도 없이 기름이 묻은 두 벌의 작업복을 바라보시며 부모님은 서로 부둥켜안고 우셨다. 평생 공장 밖에 모르시던 아버지는 사회에서 소외당하시는 허무함의 눈물이셨고 돈! 돈!! 돈!!! 늘 걱정 속에 사시던 어머니는 미래에 대한 불안의 눈물이셨으리라 생각되어진다. 성품이 낙천적이시던 아버지는 당신의 퇴직금을 뚝 떼어 건축헌금도 내시고, 세 딸들에게 나누어 주고 무엇보다 큰 딸이 사는 미국에 가보고 싶어 하셨다. 생활은 다달이 들어오는 방세로 충당하면 되니 문제없다고 소박하게 생각하시던 아버지는 축구 경기를 보러 독일에 다녀오신다고 농담도 하며 즐거워 하셨다. 이것이 아버지께서 퇴직금을 사용하고 싶어 하시는 모든 용도였다.

그러나 삶에 대한 걱정이 유난히 많았던 어머니는 아버지께서 퇴직하신 그 날부터 근심의 바벨탑을 쌓기 시작하셨다. 결국 어머니는 아버지의 퇴직금에 저축을 보태서 무리하게 상가 건축을 시작하셨다. 허리띠를 졸라 매고 또 졸라 매어 어렵게 장만해 놓으셨던 땅 위에 아버지는 말없이 어머니의 충실한 종(?)이 되어 상가 짓는 일을 감독하시고 인건비를 줄이기 위해 밤에는 직접 상가를 지키는 일도 하셨다. 몸은 춥고 고되어도 엄마가 걱정 없이 살 수 있다면 기꺼이 해야 할 일이라고 생각하셨던 것 같다. 그런 아버지가 피곤하셔서 가끔 새벽기도를 빠지면 어머니는 아버지의 신앙심이 부족하다고 언짢아 하셨다. 아버지는 새벽마다 가셔서 무슨 기도를 그렇게 하셨을까? 고혈압을 앓고 계셨던 어머니의 충직한 간호사 노릇에 집 안 일도 손수 거들어 주시던 자상한 아버지를 어머니는 늘 책만 좋아하고 착하기만 한 무능한 양반이라고 부르셨다.

건축에 대한 지식이 없어 업자들에게 무시당하고 사기당하며 상가를 짓던 아버지는 퇴직하신지 3년 만에 상가건축 1년을 끝으로 간암으로 쓰러지셨다. 늘 병든 어머니만 신경 쓰고 아버지의 건강함을 믿던 딸들에게 치유될 수 없는 상처를 남겨 주셨다. 병상에서도 아버지는 딸들을 웃기시려고 애를 쓰셨다. 스팀이 나오는 방에서 종일 TV를 보며 놀고 먹으니 VIP 귀빈 대접을 받으신다며 어린애 처럼 좋아하셨지만 어디까지가 진심인지 딸들은 알 수가 없었다. 쓰러지시기 한 달 전 아버지는 퇴직금으로 당신의 건물만 짓는 것이 마음에 걸리셔서 교회 건축 헌금으로 선뜻 오백만원을 작정하셨다고 한다. 지금으로부터 20여 년 전 일이니 아버지 형편에 무척 큰돈을 작정하신 것 같다.

  이 일로 부모님은 많이 다투셨다. 결국 교회를 찾아가 건축헌금을 50%를 다운시키고 나서야 두 분의 언쟁은 끝이 나셨다. 어머니는 언제나 아버지의 신앙을 입술로 가르치려 하셨다. 병상에서 마지막 소원이 무엇이냐고 여쭙는 어머니에게 내 몸에 약값을 더 들이지 말고 애초에 당신이 작정했던 건축헌금을 내어 달라고 부탁하셨다고 한다. 어머니와의 의논은 없었지만 이미 하나님과 약속을 하신 건축헌금이라 마음이 쓰이셨나보다.

  아버지께서 늘 앉으시던 강대상 앞 둘째 줄 첫 번째 자리에는 지금 누가 앉아서 눈물의 새벽기도를 드리고 있을까? 평생을 땀 흘려 번 돈임에도 불구하고 지출에는 반드시 어머니의 결재를 받아야 했던 아버지는 가정의 평화를 늘 참음으로 지키어 내셨다. 자신의 병을 큰 언니에게 절대 알리지 말라고 당부하셨지만 미국에서 큰 딸이 오기만을 달력에 동그라미 치시며 기다리시던 어린 아이 같던 아버지! 아버지는 미국에 이민 간 큰 딸이 제일 보고 싶으셨나보다. 아버지는 함박눈이 소복소복 내리던 겨울에 병상에 누우신지 두 달 만에 하늘나라로 가셨다. 눈물이 없고 사망이 없고 애통하는 것이나 아픈 것이 결코 다시 없다는 하늘나라로 서둘러 가셨다. 자식이 효도할 기회도 아내가 정성껏 간호할 기회도 아버지께서는 허락하지 않으셨다.

  30년 작업복을 벗은 대가로 받은 퇴직금! 평생에 한 번 만져보는 그 큰돈 앞에서 노후를 염려하며 삶의 주판알도 튕길지 모르시고 누구처럼 자신의 즐거움을 위해 쓸 줄도 모르시고 고생 끝에 돌아가신 초라한 아버지시지만 장례식은 그 누구보다도 품위 있고 은혜로웠다. 흰 옷을 입은 성가대원들의 찬양 속에 아버지의 관이 운구 되어지고 교인들의 찬송이 3일 낮밤에 이어 장지까지 따라가며 아버지의 영혼을 위로해 드렸다. 아버지의 영정 앞에서 엎드려 우는 산동네 교인들도 많았다. 평소에 아버지는 선한 일들을 많이 베푸셨다고 한다. 어려운 가정에 연탄과 쌀을 슬그머니 들여놔 주시고, 한 달에 한번 씩 보육원에 방문하여 아이들의 머리를 깎아 주시고, 퇴직 후 배우신 수지침으로 외로운 노인들을 간단히 치료도 해주시며 말벗도 해주시는 등 주어진 삶을 아름답게 보내셨던 것 같다.

내 평생에 몇 번이나 건축헌금을 낼 영광스러운 기회가 주어질까! 지금도 난 건축헌금 네 글자를 생각하면 가슴이 저려 온다.

건축헌금 내시는 것이 마지막 소원이셨던 무능한 나의 아버지! 원하시던 건축헌금을 내시고 어린아이처럼 기뻐하시던 병상에서의 마지막 모습이 지금도 눈앞에 아른거린다. 건축헌금 하라는 소리가 귀에 들리면 놓치지 말라고 어떤 이에게는 평생에 한 번도 들을 수 없는 복된 소리라고 말씀하셨다. 그 말씀이 딸들에게 주는 마지막 유언이 되었다.

하늘나라에 얼마나 찬란한 믿음의 벽돌로 아버지의 집이 지어졌는지 난 그 집이 보고 싶다. 그 집에 계신 아버지께 감히 세상의 부탁을 드리고 싶다. 아버지께서 남기고 가신 상가로 인해 더 많은 걱정과 더 깊은 병을 끌어안고 사시는 어머니에게 이제는 좀 당당하게 큰 목소리로 말씀해 달라고 부탁을 드리고 싶다.

"여보, 당신이 하늘나라에 올 때 빈손으로 와도 내 뛰어 가서 반갑게 당신을 맞이하리니, 이제 근심의 옷, 불안의 옷을 벗고 오로지 예수그리스도 십자가만 바라보고 살다가 오시구료! 이곳 하늘나라에는 예수님을 사랑한 마음 밖에는 가지고 들어 올 수가 없다오."

크게 큰 목소리로 자신 있게 어머니에게 말씀해 주세요!
오늘 밤 어머니의 꿈속에 찾아 가셔서요.
아버지의 막내딸이 간청드려 봅니다.

단풍잎 편지

연평도를 공격한 북한의 대포소리에 놀란 가슴을 끌어안고
늦가을 출근길에 나섭니다.
이럴 때 우리에게 피할 산성이 되어 주시는
주님이 계시다는 것이 큰 위로가 됩니다.
올 가을에는
가슴을 쓸어내릴 만큼 놀랍고도 슬픈 일이 많았습니다.
오늘 새 생명축제에 모시고 갈 동료 선생님을 생각하며
마음을 진정 시킵니다.
우리가 나라와 이웃을 품고 기도하는 모든 일들이
이때를 위함이 아닌가 조심스럽게 생각해 봅니다.

가을이면 윤동주의 '시와 별'을 생각하며
단풍잎을 책갈피에 끼우던 소녀는 이제 행복한 중년이 되어

성격책 속에 환하게 웃으시는
옥 목사님과 오 목사님의 사진을 넣어 갖고 다닙니다.
옥 목사님이 하늘여행 가시는 전 날도 태풍이 무섭게 불었습니다.
인생을 하늘 행복으로 가득 채우려면
예수님의 참된 제자, 작은 예수가 되어야 한다고
가르쳐 주신 목사님의 뜻대로
교회의 모든 행사가 물처럼 진행이 되어갑니다.
누구도 강요하지 않았지만 기도의 자리도 더욱 뜨거워집니다.
우리의 가슴에 사랑하면 기도한다는
이름표를 새겨 주고 가신 분 때문에
우리는 게으름을 부릴 수가 없습니다.

새 생명 축제가 끝난 밤,
사랑의 정원에 하얀 케이크의 촛불을 밝힙니다.
이 불빛이 우리 민족을 섬기며
세계를 밝히는 믿음의 불기둥이 될 것입니다.
여호수아 같으신 오 목사님께서
한 팀, 한 팀 수고한 모든 팀들을 격려 하시며 축복해 주십니다.
갈렙처럼 늠름하신 부교역자님들이
둥그렇게 손을 잡고 서계시네요.
목사님 얼굴에 달빛 같은 환한 미소가 번집니다.
아! 어디선가 뵌 듯한 미소입니다.
우리 서로 바라보면 닮는다고 하셨지요?

늦은 밤 '그 크신 사랑'을 합창하며 축제의 밤은 막을 내렸지만
우리 모두 한 분을 그리워합니다.

낙엽이 되어 겸허히 낮은 자리에 떨어진
고운 단풍잎 한 장 주워 듭니다.
우리를 칭찬하시는 옥 목사님께서 보내신 편지 같아서
마음이 뜨거워집니다.
우리의 삶의 자리가 주님께서 허락하신 자리임을 알고
최선을 다하는 충성스러운 종이 되어
그 날에 주님 앞에 자랑스럽게 서고 싶습니다.

단풍잎 같이 환하게 웃으실
우리 아버지의 그 미소를 또 뵙고 싶으니까요!

(옥 한흠 목사님 2주기를 추모하며)

녹슨 세 개의 못

(1) 대장간에서

　냄새나는 똥덩이도 쉽게 부서지는 흙덩이도 아닌 대장간의 쇳덩이로 태어난 것이 나는 언제나 자랑스럽습니다. 내가 언젠가 귀한 일에 쓰일 것이라는 기대감은 무더운 대장간 생활을 이기게 하는 힘이 되었죠. 대장간에 드나드는 사람들은 각양각색입니다. 옷걸이용 못을 구하는 사람, 말발굽이 필요한 사람, 마차바퀴나 연장 등이 필요한 사람. 그리고 번쩍이는 날카로운 칼을 구하는 사람들로 늘 소란합니다.
　나는 늘 꿈꾸며 기다렸습니다. 발걸음도 씩씩한 로마 군인의 방패나 번쩍번쩍 빛나고 모든 사람이 벌벌 떨며 바라보는 창검에 사용되기를. 그런 야무진 꿈을 갖기에 나의 작은 덩치는 주인의 마음에 썩 들지 않았지만 체질은 무척 견고하고 윤이 나던 나를, 주인은 언젠가 요긴하게 쓰일 때가 있다며 소중히 간직했습니다. 톡톡히 돈 값을 하여 주인의 기쁨이 되는 것은 물론 찬란히 빛날 미래를 꿈꾸는 나를, 대장간 그 누구도 함부로 대하지 못했습니다.

(2) 어느 날

 유난히 군인들의 이동이 많았던 어느 날, 주인은 창과 방패를 다시 보수하고 주문 된 수량을 맞추느라 땀을 뻘뻘 흘렸지만 돈통에 떨어지는 은화 소리에 모든 시름을 잊는 듯 했습니다. 나는 초라한 목동들이 아닌 멋있는 군인들의 눈에 띄고 싶어 가슴이 설레었습니다.
 늦은 오후 화려한 투구를 쓴 장교가 은밀히 주인을 찾아 왔지요. 대장간 한구석에서 수군수군 대는 것은 장교답지 못해 보였지만 우리 주인은 긴장한 듯 목에 두르고 있던 때에 쩌든 수건으로 연신 얼굴의 땀을 훔치더군요. 장교의 말 한마디 한마디에 고개를 연방 굽실거리며 튼튼한 우리 주인의 팔뚝 근육은 파르르 떨리고 장교가 내민 금화에 주인의 욕심 많은 입가가 씰룩거렸습니다. 하여튼 그 날 저녁 장교와의 거래는 이상해 보였습니다.
 주인은 한참을 서성이며 대장간 선반에 쟁여 놓은 쇳덩이들을 유심히 살펴보았죠. 풀무불 사이로 언뜻언뜻 비치는 주인의 표정이 묘하다고 느낀 순간 주인은 내 몸을 덥석 잡고 낮은 신음 소리를 토해냈습니다. 더 이상 좋은 놈은 있을 수 없다고 중얼거리며 망치로 내 몸 여기저기를 두들겨 댔습니다.

(3) 다음 날

　아침 일찍부터 널려있는 잡동사니들을 치우고 이마에 수건도 다시 두르고 풀무불을 정성껏 피우는 등 마치 제사의식을 치르는 것처럼 주인의 행동 하나하나가 신중해 보였습니다. 시뻘건 풀무불이 나를 두렵게 했지만 그 곳을 거쳐야만 다른 모습으로 변화된다는 것을 오랜 대장간살이로 알고 있습니다. 녹여지고 부셔지고 끓여지고 다시 식혀지는 과정을 반복해야만 쇳덩이에서 단단한 쇠로 거듭날 수 있음을요.
　그 날 나는 엄청 맞았습니다. 차라리 쇳덩어리로 무의미하게 남고 싶다고 소리칠 때마다 망치는 사정없이 내 몸을 두들겼습니다. 이리저리 채이는 길가의 볼품없는 돌멩이가 차라리 부러웠습니다. 이렇게 주인이 내 몸에 공을 들이는 것은 부유한 나리들 집의 식탁이나 장수의 창검 혹은 검투사의 전차에 사용되어질 것이 분명하다고 생각했습니다. 이 고통이 끝나면 두고두고 뭇사람들의 부러운 눈초리를 받을 일만 남았다고 두들겨 맞고 있는 나 자신을 위로했지요. 기진맥진 지쳐 누워있는 내게 주인은 내일이면 빛을 볼 것이라고 등을 토닥여 주었습니다. 은밀히 가죽주머니에 싸여지는 것을 보면 분명 부잣집으로 가는 것만은 틀림없는 듯 했습니다.

(4) 그 다음 날

내가 장교의 손에 들려 간 곳은 예루살렘 부자 동네와 한참 떨어진 변두리의 골고다 언덕이었습니다. 전차 경기장도 아닌데 왜 그리 북적이던지요. 흥분한 모습으로 모여서 함성을 지르다가 군인들의 행렬에 다시 소란이 멈추고 삼삼오오 모여 수군대던 사람들은 기회가 될 때마다 소리를 질러댔습니다. 장사꾼들은 대목을 만난 듯 분주했지요. 어디선가 여자들의 울음소리도 들려왔습니다. 대체 무슨 날일까요?

예루살렘 높은 관리의 생신도 경축일도 아닌 것은 분명했습니다. 왜냐하면 그 날은 나팔 소리가 들리지 않았으니까요. 군중들의 흥분은 좀처럼 가라앉지 않았습니다.

(5) 골고다 언덕에서

세 개의 십자가가 세워졌습니다. 좌편과 우편의 십자가에 달린 죄수들이 엄청 고통스러운 듯 피땀을 흘리며 괴성을 지르고 있었고 사람들은 그들에게 손가락질하며 돌을 던졌습니다. 하지만 가운데 십자가에 달리신 분은 아무 말이 없었습니다. 나는 왜 그분만이 머리에 가시관을 쓰셨는지 궁금했습니다. 그 분의 손목과 발목에 고정될 못으로 내가, 내가 뽑혀 왔다는 것을 한참 후에 알았습니다. 물건이 아닌 사람에게 박힐 못으로 뽑혀왔다는 것입니다. 사람이 사람에게 못을 박다니요.

나는 내가 그렇게 멸시하던 흙덩이로 태어나지 못했음에 가슴을 쳤습니다. 귀한 일에 쓰일 것이라는 주인의 말은 비수가 되어 내 가슴을 깊이 찔러댔습니다. 고급 가죽 주머니에서 꺼내진 나를, 군인이 그 분의 손목과 발목에 사정없이 박아댔습니다.

"꽝! 꽝! 꽝!"

많은 사람들의 선망의 눈길을 받기 원했지만 이것은 아니라고 외치는 나에게 망치가 내려쳐졌습니다. 대장간의 망치보다 더욱 끔찍하고 잔인했습니다. 나는 그분의 살 속을 파고 들어가 그 분의 죄 없는 뼈마디 속에 깊이 박혔습니다. 내 몸을 빼고 싶어서 몸부림 칠 때마다 그분의 물과 피가 나를 적셔왔습니다. 창검에서 빛나고 싶었던 나는 이름 모를 그 분의 몸 안에서 붉게 적셔지며 정신을 잃었습니다.

천둥 번개가 치며 하늘이 컴컴해지던 그 때, 그 분을 때리고 조롱하던 군인들이 허둥지둥 언덕 밑으로 달음질 쳤습니다. 모여서 울던 여자들도 흩어졌습니다. 해가 빛을 잃은 늦은 오후였습니다.

(6) 녹 슨 세 개의 못

아무도 알아주지 않는 버림받은 녹슨 세 개의 못.. 어두컴컴한 창고에 내팽개쳐져 있지만 나는 슬프지 않습니다. 그 분의 핏자국이 꽃잎처럼 내 몸에 어렴풋이 남아 있습니다.

어둠이 두렵지 않습니다. 사람들의 눈초리가 그렇게 무섭다는 것을 깨달은 그 날부터 나는 혼자 있는 것이 편합니다. 계획했던 대로 꿈을 이루지 못했어도 나는 허무하지 않습니다. 그 날, 그 날을 생각하면…….

그 분의 몸속에 깊숙이 박혀 들어가며 정신을 잃었을 때 웬일인지 아득하고 평안한 느낌이 들었습니다. 내 온 몸이 그 분의 물과 피에 적셔질 때 그 분의 음성을 들었거든요. 희미했지만 누구도 무시할 수 없는 온유한 사랑이 넘치던 음성!

온 세상을 잠잠케 하는 음성이었습니다.

그 분은 아버지를 애타게 부르는 것 같았습니다. 십자가 곁에서 울고 있는 여자를 누군가에게 부탁하셨습니다. 그 분은 제게도 고맙다고 하셨습니다. 세상과 하늘 아버지를 이어주는 십자가에 내가 필요했다며, 못자국은 너의 잘못이 아닌 사랑의 흔적이라고 말씀해 주셨습니다.

나는 그 분의 인자한 눈동자를 잊을 수가 없습니다. 선량하시고 슬픔에 잠긴 그 온유한 눈빛이 내 마음 속에 깊이 못처럼 박혔습니다.

(7) 어두운 창고에서

하루종일 그분을 생각합니다. 그 분의 물과 피에 적셔졌던 순간을 저는 잊을 수가 없습니다. 못으로 태어난 것을 뼈저리게 후회했지만 못이었기에 그 분을 만날 수 있었습니다. 그 분이 저를 품어주셨을 때 쇳덩이였던 저는 금덩이로 변화되었습니다. 제 눈물은 그래서 언제나 별처럼 반짝입니다. 어두운 창고가 환해집니다.

수고하고 무거운 짐을 진 대장간의 풀무불보다

더 밝고 환한 빛!

그 분의 눈빛을 기억하는 일이
제 평생이 될 것 같습니다.
그 분과 하나 되었던 그 시간!
그 분을 깊이 알기를 소원합니다.
더욱 깊이!

장부가

뮤지컬 '영웅'은 늘 나의 마음을 뛰게 한다. 올해까지 서너 번 관람했는데 공연을 볼수록 안중근 장군에 대한 존경심이 커진다. 배우들의 뛰어난 연기력과 가창력이 잘 어울려져 관객의 마음을 사로잡는다.

조국의 독립을 위해 몸 바치기로 결의하며 자작나무 숲에서 그들의 손가락을 자르는 단지 동맹으로 뮤지컬의 막이 올라간다. 앞이 보이지 않는 대한제국 시대의 마지막을 살아내는 대한의 남아들은 숨 가쁘다. 자작나무 잎 사이로 붉은 선혈들이 흩어지지만 독립을 향한 그들의 절개는 자작나무보다 더 희고 곧다. 동지들이 태극기에 피로 수결할 때 하늘도 숲도 바람도 숨을 죽인다.

반면 일본은 조선을 삼킬 궁리에 악한 힘을 다 쏟아 붓는다. 은밀한 밀실에서 조선을 삼킬 음모가 진행되고 그들의 흥을 돋우는 무희들의 몸짓이 붉은 색 향연을 이룬다. 단지 동맹에서 흐르던 붉은 빛에는 칼보다 강한 생명이 숨 쉬고 있지만 밀실의 핏빛 음모에는 굶주린 짐승의 피비린내와 악취만이 느껴진다.

안중근을 오랜 세월 도왔던 중국인 친구의 죽음. 그리고 광활한 대지 타국에서 죽어가는 동지들 앞에서 안중근은 오열한다. 빛도 이름도 없이 죽어가는 동지들의 희생으로 조국은 과연 일어설 수 있는 것일까. 얼마만큼 우리가 죽어야 조국의 독립을 찾아올 수 있는 것인가? 우리가 열을 죽일 때 그들은 백을 죽인다는 안중근의 가슴 저미는 외침이 극장 안을 가득 채운다.

하지만 그들의 남루한 옷차림과 희망은 초라해 보인다. 적들의 총칼 앞에서 그들은 조국, 고향, 어머니, 벗 등 늘 우리들의 가슴을 그립고 아프게 하는 말들을 끝까지 붙잡고 살다가 쓰러져 간다.

마침내 안중근은 침략의 원흉 이토 히로부미를 저격할 계획을 세운다. 한 생명을 해치는 일은 하나님 앞에서는 두려운 일이나 독립전쟁의 일환으로 조국을 침략하는 이토 히로부미를 처단하기로 결심한다. 이토 히로부미를 저격하러 가는 길은 사랑하는 고향, 가족의 품으로 가는 길과 반대의 길이다. 다시는 그리운 어머니께 돌아갈 수 없는 길이리라.

저격에 성공한 후 일본군에 체포되지만 대한제국 참모중장으로 불리기를 당당히 요구했던 안중근. 그는 옥중에서 동양 평화를 집필 한다. 자녀들의 손은 기도하는 손이 되기를 바라며.

그는 애비였다. 감옥의 창문 사이로 하늘을 올려다보며 꿈에서 본 고향을 그리워하는 그는 또한 한 어머니의 아들이기도 했다. 불의한 욕망 위에 쓰러지는 나라를 지키기 위하여 얼마나 많은 무고한 생명들이 이슬처럼 사라졌는가. 그들도 누군가의 아비며 아들이었으리라. 자녀들이 살아가야 할 조국을 지키기 위해 그토록 외로운 싸움을 포기하지 않았다. 노예로 살다 죽느니 차라리 자유인으로 살다가 죽겠다는 어느 의병의 처절한 외침처럼 저들은 자녀에게 목숨처럼 귀한 자유를 물려주고 싶었던 것이다.

자작나무 숲에서는 여러 동지들과 함께 싸웠지만 사형을 언도받고 하나님께 가는 길은 오롯이 혼자 가는 길이다. 그 누구도 대신 해줄 수 없고 그 누구와도 함께 갈 수 없는 길.
어머니 조마리아의 노래가 우리 모두를 숙연케 한다. 너의 죽음은 개인의 죽음이 아니라 불의에 맞선 공의로운 죽음이니 일본에 목숨을 구걸하지 말고 남자답게 죽으라고 당부한다. 어머니의 의연한 노래가 내 자식만 생각하는 이기적인 마음들을 부끄럽게 한다. 그의 어머니는 대한의 아들들을 다 품고 계셨다.
안중근은 조국을 위해 장부답게 그 죽음의 길을 간다. 재판정에서 '누가 죄인인가'를 열창하며 일본의 죄목을 엄하게 꾸짖던 늠름한 안중근! 그러나 하나님 앞에서는 용서를 구하며 그의 두려움과 심장 소리가 적에게는 들키지 않기를 기도한다.
'마지막으로 할 말이 없는가'. 재판관의 질문에 장엄하게 울려 퍼지는 장부가는 우리의 심장을 고동치게 한다. 한 남자의 일생이 이렇게 장엄하고 의연할 수가 있을까? 아버지로서, 아들과 남편으로서 사는 삶을 포기하고 오직 대한의 참모중장의 길을 택했던 의사 안중근의 뮤지컬 '영웅'은 우리들의 가슴에 오래오래 남아 있을 것이다.

  가정을 지키며 삶의 자리에서 열심히 살아내는 것, 이것 또한 진정한 영웅이라는 깨우침도 주는 극이었다. 짧지만 불꽃같았던 그의 생애를 기리는 노력이 아름답다. 그러나 이름을 남기지 않고 사라진 수많은 영웅들 또한 기억해야 할 것이다.

  올해로 3.1 운동 백주년이다. 안중근의 삶을 열정적으로 노래했던 배우에게 나는 오랜만에 목청껏 '브라보'를 힘차게 외쳤다. 우리가 그의 이름을 기억하는 한, 안중근 그는 우리의 마음에 영원히 살아 있을 것이다.

아버지의 도시락

'에에에엥~!'

정오를 알리는 12시 사이렌이 울리면 나는 놀던 것을 멈추고 집으로 뛰어 갔다. 그때는 정오에 사이렌이 울렸었다. 아버지가 다니시는 공장에 점심을 갖다 드리는 것이 막내딸에게 주어진 임무였다. 어머니는 네모난 양은 도시락에 무말랭이나 깻잎 장아찌 같은 반찬을 담고 스텐 주발에 담은 밥 위에는 달걀 프라이를 얹으셨다. 보자기로 싸고 나면 어린 내가 보기에도 아버지의 도시락은 빈약해 보였다.

공장 경비실에서 기다리면 아버지는 땀에 젖은 작업복을 입고 나오셨다. 어린 막내딸을 보고 환하게 웃으셨지만 아버지의 얼굴은 누렇고 피곤해 보이셨다. 같은 시간에 유 과장님 도시락도 배달되었는데 사모님이 어린 아들을 업고 식모 언니와 함께 갖고 나왔다. 유 과장님 도시락은 커다란 쟁반 위에 서너 가지 반찬이 담겨 있었다. 어떤 때는 찌개 냄비도 있어 경비 아저씨들이 벌떡 일어나 쟁반을 받곤 하였다. 어린 맘에도 그 쟁반 도시락이 늘 부러웠다. 유과장님은 도시락을 드신 후에 남은 반찬을 경비 아저씨들에게 나눠주어서 경비 아저씨들이 유과장님 도시락이 오면 유난히 좋아하시는 것 같았다. 아버지는 어린 나를 번쩍 안고 손에 1원을 쥐어 주신 뒤 작은 도시락을 갖고 다시 공장 안으로 들어가셨다. 아버지를 향해 유쾌히 웃었지만 어린 마음에도 미안한 마음이 왠지 모르게 스멀스멀 피어올랐다. 아버지께서는 다른 분들과 달리 경비실에서 식사를 하지 않고 제지 공장 기계실 한구석에서 공원들과 드신다고 하셨다.

다시 집으로 돌아와 엄마와 찬밥을 물에 말아 먹는다. 엄마는 김치를 찢어 밥 위에 올려 주셨다. 풀을 뜯어 소꿉 장을 하거나 혼자 공기놀이를 하다 보면 언니들이 학교에서 돌아오고 나는 아버지 도시락을 가지러 다시 공장으로 달려갔다. 아버지는 오지 말라시며 퇴근할 때 아버지가 갖고 가면 된다고 하셨지만 땅거미가 뉘엿뉘엿 지면 나는 어김없이 경비실 찬장을 열고 아버지 도시락을 꺼내왔다. 온기도 식고 점심때보다 훨씬 가벼워진 아버지의 도시락을 꼭 내 손으로 가져와야 할 것 같았다. 아버지는 내가 기특하다고 말씀하셨다. 그 칭찬이 좋아서 언니들이 방학을 해도 도시락 심부름은 늘 내 차지였다. 경비 아저씨들도 내가 착하다고 말씀하셨지만 어느 누구도 어린 마음에 젖어드는 작은 슬픔을 눈치 채지는 못하였다.

나는 아버지께 한 번만이라도 둥근 달님 같은 쟁반에 점심을 담아다 드리고 싶었다. 아버지께서도 과장이 되시면 그런 도시락을 받으실 수 있을까? 경비실에 펼쳐놓고 식사도 하실 수 있을까. 엄마에게 언제 아버지가 과장이 되냐고 물어보면 엄마는 그저 빙그레 웃기만 하셨다.

퇴근하시면 미숫가루 한 대접을 벌컥벌컥 드시고 신동아 잡지와 성경을 보시고 주무시던 아버지. 큰 딸, 작은 딸, 막내딸을 낳을수록 더욱 기뻐하셨다던 아버지. 다이아몬드 게임과 웃음거리놀이를 가르쳐 주시고 이야기도 잘해 주시며 세 딸들과 늘 잘 놀아 주셨던 아버지가 문득 문득 그리워진다.

시집을 가서도 직장생활 한다는 핑계로 아버지께 따뜻한 식사를 제대로 지어 드린 기억이 없다. 지금은 어린 시절보다 더욱 풍성한 식탁을 맞이하고 다 먹지 못한 음식을 버리면서 살지만 마음 한 구석이 늘 쓸쓸한 것은 왜일까. 웃음거리보다 더욱 재미있는 TV 프로그램이 밤 12시가 넘도록 방영되지만 사람들은 순수한 웃음을 잃어가는 것만 같다.

어느 글에선가 힘이 없는 시월의 나비로 살지 말고 늘 도약을 꿈꾸는 유월의 나비로 화려한 날개 짓을 하며 살아가야 된다고 하였다. 소주를 마셔야만 잠이 든다는 친구를 위해서 기도 중이다. 포도원을 허무는 작은 여우들은 내게 기도할 자격이 없다고 '너나 잘 하세요'라며 수도 없이 낙담을 시키려 하지만 친구의 허무한 영혼을 위한 기도를 멈출 수가 없다. 풍족한 모든 것을 갖추

고도 늘 쓸쓸해 보이던 그 친구에게 웃음을 되찾아 주고 싶다. 빈약한 도시락이지만 시간 맞춰 정성껏 밥을 지으시던 엄마의 사랑이 담겨있었듯이 복음을 전하는 나의 입술은 연약하여도 친구에 대한 사랑이 담겨있기에.. 나는 올 가을 사랑의 교회 '새 생명 축제' 에 그 친구를 또 초대할 것이다. 그것이 낙담의 뜨락에 자주 머물게 되는 나도 그 친구도 영원히 살 수 있는 길이 될 테니까.

친구야! 술을 마셔야 잠이 든다는 네 이야기 정말 가슴 아팠단다. 복음의 생명수를 올해는 꼭 너에게 전하고 싶구나. 우리의 삶 초라한 것 같아도 변함없이 기다리는 아버지가 계시단다. 우리가 달려가면 기뻐서 우리를 번쩍 안아 주실 아버지! 우리의 손에 구원을 꼭 쥐어 주실 아버지! 너와 나의 아버지란다.

항아리의 노래

안방문갑 위에, 대청마루 뒤주 위에 놓인
청자와 백자가 늘 부러웠습니다.
윤기도 없는 투박한 질그릇이
간장과 된장과 고추장을 품고 사는 일이
그리 만만하지는 않았습니다.

상처가 깊게 금을 긋고 지나가면
쓸모없는 옹기가 되는 줄 알았는데
햇빛으로 채워 주시고 바람으로 어루만져 주시니
비울수록 하늘을 마음껏 바라볼 수 있었습니다.

이제 내 안에서 익어가는 장맛이
모든 음식에 밑간이 됨을 알았습니다.

내 삶에 줄로 재어준 구역 장독대가
은혜의 자리였음을 이제는 압니다.

허락하시면
제 몸에 깊게 금을 그은 그들을 용서하게 하시고
한 번 더 허락하시면
문 밖에서 서성이는 그들에게 손 내밀게 하옵소서.
제 안의 묵은 상처들이 변화되어
깊은 향기로 그들을 맞이하게 하소서.

감사로 문을 닫습니다.
청자도 질그릇도 유리그릇도
주님께는 모두 귀한 그릇임을
이제야 고백함을 용서하소서.

(2012.12.26)

2부
선생님의 금반지

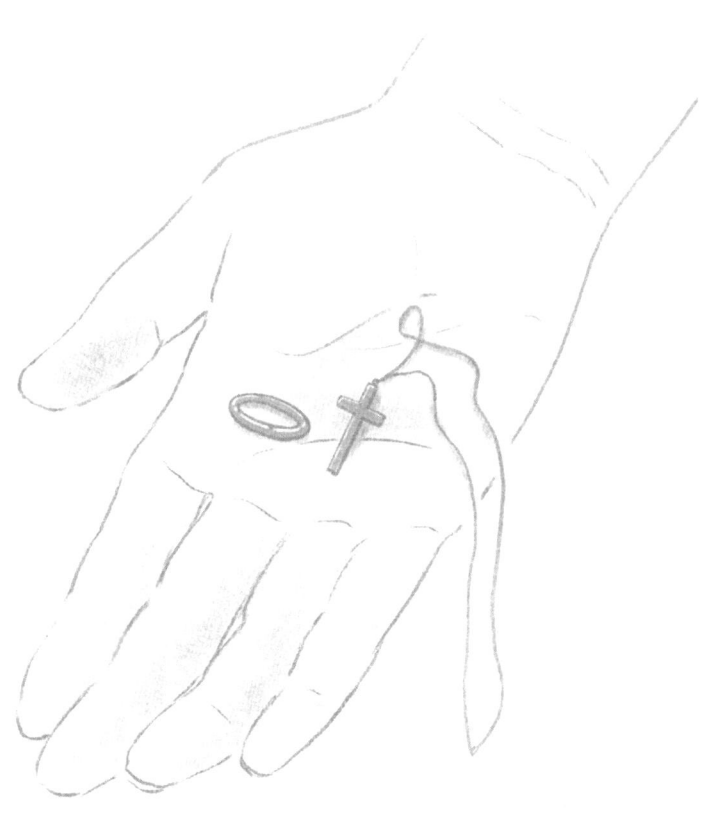

고 백

내가 얼마나 그대를 사랑하는지 꽃들에게 물어 보세요.
사랑보다 더 예쁜 꽃 피워 낼 수 있는지

내가 얼마나 그대를 사모하는지 바람에게 물어 보세요.
사모하는 내 마음 바람결에 전해줄 수 있는지

내가 얼마나 그대를 기다리는지 나무에게 물어 보세요.
그대 향한 내 믿음의 뿌리 얼마나 깊은지

내가 얼마나 그대를 갈망하는지 구름에게 물어 보세요.
그대 갈망하는 내 마음 구름보다 두둥실 높이 떠오르는지

아! 그대 향해 부르는 내 노래 별님에게 물어 보세요.

노래할 때 반짝이는 이 마음의 떨림을

그대와 나 한 몸으로 불러 주셔서
이렇게 오랜 세월 함께 흐를 줄 알았다면

나는 더욱 정결한 물이 되어 그대 곁에 머무를 것을
나는 더욱 소리 없이 그 밤을 지켜 낼 것을

형체 없이 담기면 담기는 대로
빛도 없이 흐르면 흐르는 대로

이름도 없이 부르면 부르는 대로
그대의 발자취를 따라 가다가

퐁퐁퐁 맑은 물 솟아나는 옹달샘처럼
내 안의 샘물을 모두 담아내어

그대가 지치고 힘이 들어 쓰러지던
그 길목에 서서

나는 한 모금의 물이 되고 싶어라.
나는 한 줌의 눈물이 되고 싶어라.

채송화

작아도
맨 앞줄에 세워 주셔서 감사합니다.

작아도
노랑, 빨강, 다홍, 꽃 피우게 하시니
황홀합니다.

작아도
푸른 줄기 도톰하게 빚어 주시니
목숨 다해 꽃들을 받치렵니다.

온 몸이
땅 위에 누워 있어도 서로 기대며

온 종일 하늘을 바라봅니다.

작은 향기
차마 사랑이라 노래할 수 없어
살포시
바람에게 날려 보냅니다.

(2006.02.10)

어머니의 식탁

 어머니의 식탁이라고 제목을 붙였지만 식탁이라기보다는 초라한 밥상이 맞는 표현일 것이다. 어머니의 식탁을 떠올리면 슬픔이라는 반찬이 먼저 떠오르는 것은 왜일까? 나이가 들수록 어머니께서 드셨던 음식들이 어머니께서 겪었을 외로움과 버무려져 새록새록 떠오른다. 어머니의 슬픔은 어머니의 나이가 되어봐야 이해가 되는 것 같다.

 어머니는 점심때 따뜻한 밥 한 그릇 제대로 드신 적이 없다. 사남매가 남긴 밥을 모아드시고 그 시대의 모든 어머니가 그랬듯이 밥알 한 톨도 소중하게 여기셨다. 내가 손주들이 남긴 하얀 밥을 서슴없이 버릴 수 없는 것도 이러한 어머니의 기억 때문인 지도 모른다.

 어머니는 간장에 삭힌 시커먼 고추를 잘 드셨다. 내가 커서 그 고추가 그렇게 맛있냐고 여쭈어보니 "맛이 있기는, 무엇이든 반찬으로 만들어 먹은 것이지"라고 말씀하시며 희미하게 웃으셨다.

  나는 어린 시절 어머니께서 해주시던 새우젓 호박볶음, 가지나물, 오이냉국, 열무김치, 감자볶음 등을 여전히 좋아한다. 여름이 되면 어머니는 뒤뜰에서 비름나물을 뜯어다가 삶아서 된장에 무쳐 주셨다. 언니들이 배가 아프다고 말할 때도 비름나물을 무쳐 주셨다. 비름나물은 소꿉장난을 할 때에 반찬이 되기도 한 흔한 풀이었다. 가족들의 생일이 되면 고기 없이 미나리와 콩나물만 넣고 무쳐주신 잡채도 얼마나 맛있었는지 모른다.
  어머니는 가끔 멍게를 사다가 초고추장에 찍어 드시며 입맛이 돈다고 좋아 하셨다. 겉모습이 울퉁불퉁 여드름 같이 생긴 뻘건 멍게가 나는 몹시도 징그러웠는데 주황색 멍게 속살 한 점을 어머니는 참 달게 드셨다. 그 맛이 어머니에게는 별미였을까?
  겨울에 어머니를 따라 장에 가면 어머니는 깡통에 담아놓고 파는 선지를 사셨다. 배추 우거지를 넣고 끓여 주시면 아버지께서도 맛있게 드시곤 했다. 어머니는 속이 헛헛할 때 선지국 한 그릇을 드시면 속이 든든해진다고 하셨다. 우리는 속이 헛헛하면 고기를 사다 먹는데 어머니는 고기를 사다 드실 돈이 부족했나 보다.

  어머니는 여름이면 개울에서 이불 빨래 같은 큰 빨래를 하셨다. 광목을 삶고 두들기고 말리느라 개울에서 한나절을 보내셨다. 그때 식은 밥과 깻잎 장아찌와 오이지를 반찬으로 싸 가신 것 같다. 햇볕이 뜨겁던 개울가에서 어머니와 먹던 점심의 추억은 개울이 없어진 요즈음에도 내 마음속에 남아 있다. 겨울이면 꽁치를 구워 주시거나 양미리를 사다가 무를 넣고 맛있게 졸여 주셨지만, 막상 어머니께서 생선을 드시는 것을 나는 본 적이 없다. 나는 어머니가 생선을 싫어한다고 생각했다.

  결혼을 한 언니들의 집에 어머니께서 들리실 때면 언니들은 무조건 탕수육을 사드렸다. 어머니께서 제일 좋아하는 음식이 탕수육이라고 큰언니가 말할 때 나는 고개를 갸우뚱했다. 한 그릇 드시면 일주일간 속이 든든하시다며 보신탕 드시는 것도 좋아하셨다. 나는 이것도 이해가 되지 않았다. 어머니께서 좋아하는 음식이 아니라는 생각이 들었다. 심지어 밥을 한 그릇 따뜻하게 담아 드리는 것조차 무척 좋아하셨다. 자녀들을 키울 때 어머니는 당신의 밥그릇이 없이 남은 밥만 드셨기 때문에 누군가 챙겨주는 따뜻한 밥 한 그릇이 그렇게 좋으셨나보다.

  먹거리가 풍부한 요즈음 나는 장을 보면서 어머니 생각을 많이 한다. 얼마나 고기와 생선을 마음껏 사고 싶으셨을까? 고혈압이 생긴 뒤로는 음식을 조절하시느라 좋아하시던 탕수육도 오래 드시지 못했던 것 같다. 언젠가 조카들이 먹던 피자 한 쪽을 드셔보시고는 '세상에 이렇게 맛난 음식도 있다니' 하시며 놀라셨다. 부추를 숭숭 썰어 넣은 밀가루 부침개를 좋아하실 줄 알았는데… 맛있는 음식이 세상에 그렇게 많은데 여유가 생기신 노년에는 병원생활을 오래 하시느라 병원 식사만 하셨다. 그나마도 못 드실 때는 허연 죽을 드셨다.

어머니는 평생을 자녀들을 위해 음식을 지어주셨건만 나는 몇 번이나 따뜻하게 어머니의 식사를 챙겨 드렸던가? 막내딸이라는 이유만으로 어머니께서 머리에 이고 지고 오셔서 음식을 만들어 주시는 것을 당연하게 알고 살았다. 지금은 반찬도 좀 할 줄 알고 어머니의 마음을 이해할 줄도 알고 시간도 있는데 어머니는 내 옆에 계시지 않다. 해마다 어머니의 생신날이 되면 어머니를 생각하며 어르신들을 대접해달라고 시골교회에 작은 식사헌금을 보내고 있지만 이 또한 나 자신의 미안함을 덜어 내는 부질없는 일만 같다.

먹고 싶은 것, 입고 싶은 것 줄이고 줄여서 알뜰히 모아 집을 지으신 어머니. 집을 지어주신 목수 아저씨께서는 개울에서 돌을 날라 오는 등 여자 손으로 할 수 있는 일은 거의 다 하셨다고 어머니의 알뜰함과 억척스러움을 칭찬하셨다. 그렇게 해서 남겨준 집들은 우리 형제들의 풍족한 식탁이 되고 편안한 보금자리가 되었는데, 정작 어머니가 마지막 시간을 보내신 곳은 병원의 작은 침대였다. 이 침대 한 칸을 차지하려고 그렇게 평생을 근검절약하며 달려 오셨을까 싶어 마음이 아려온다.

친구들은 쓰는 것만이 내 돈이라고 자식에게 남길 필요 없으니 열심히 쓰고 가야 한다고 이야기 한다. 그러나 어머니의 근검절약은 내 마음에 보이지 않는 교훈으로 남아 있다. 어머니께서는 항상 빚을 지면 안 된다고, 이를 악물고 수입의 범위 내에서 써야 한다고 말씀하셨다. 또 아무리 작은 수입이라도 십일조를 잊으면 안 된다고 하셨다. 빚 안지고 사남매를 공부시키고 결혼시킨 것이 자랑이시던 어머니의 마음을 잊지 않으려고 노력한다.

　우리 모두의 삶이 부모님들의 땀과 눈물과 기도의 터전 위에 이루어진 것을 안다면 우리는 물질 앞에서 겸허하고 또 겸허하고 감사하고 또 감사해야 한다. 물질의 종이 아니라 물질의 주인이 되어 명령할 수 있어야 한다. 간장에 삭힌 고추를 별미인양 누른 밥과 먹으니 다섯 살짜리 손녀딸이 묻는다.
　"할머니, 고추 안 매워요? 할머니는 까만 고추가 맛있어요?"
　손녀딸의 질문에 나도 어머니처럼 희미하게 웃는다. 어머니의 식탁에 오르던 초라한 반찬들은 지금도 나의 식탁에 오르며 나의 입과 마음을 슬프도록 따뜻하게 만든다.

(2015.08.27)

선생님의 금반지

중 3때 담임선생님은 일상이 바쁘겠지만 한 번만 만나자고 전화를 주신다.

30년 전 스승을 어떻게 아무 마음의 준비 없이 만날 수 있겠는가. 그동안 찾아뵙지 못한 송구함이 밀려온다. 그리고 무엇보다 아들의 혼사를 정하고 나니 마음이 괜히 분주하다.

동창들을 잘 만나지는 않지만 선생님의 이야기는 가끔씩 바람결에 듣고 있다. 아직도 독신이시고, 여전히 조각을 하시고, 대학에서 정년 퇴임식을 했다는 이야기 정도. 몇 번의 만남을 미루었더니 급기야 외삼촌의 불호령이 떨어졌다. 참, 외삼촌은 우리 담임 선생님과 미술대학 동기이시다. 평생 조카에게 전화를 안 하시던 분이 너는 아이가 왜 그러냐고, 스승을 먼저 찾아뵙지는 못 할망정 스승님을 기다리게 하다니 무슨 경우냐며 쯧쯧쯧 혀를 차신다. 30여년이 지난 지금도 나는 선생님을 애태우게 하는 제자인가 보다.

봄부터 만나자는 선생님의 전화를 아들의 혼사가 끝나는 가을까지 미루었다. 어느 날 겨울 방학 때 또 걸려온 선생님의 전화는 나를 죄송함에 주저앉게 만들었다. 선생님은 정말 나를 만나고 싶으셨나 보다.
"아, 선생님, 아, 선생님, 제가 이렇게 형편없어요. 먼저 전화 드린다는 것이...!"
"아, 선생님, 죄송해요 나갈게요. 네네! 아~선생님 저 같은 것을 잊지 않으시고 전화를 계속 주시다니, 아 감사합니다."
마이크 실험을 하는 것처럼 "아, 아, 선생님"을 연발하다가 나는 드디어 선생님과 약속을 정하고 비원 앞에서 선생님을 만나기로 하였다. 숙제를 안 해온 아이처럼 나는 안절부절이다. 어찌 이런 일이 있을까. 동창회에 나가고 옛 스승을 찾아뵙는 일이 나는 여전히 몸에 맞지 않는 옷처럼 불편하다. 마음의 여유가 없어서 그런 것 같다.

가슴이 설렌다. 선생님의 바람처럼 나는 잘 자란 제자일까? 유명한 사람이 되어 먼저 찾아뵙지 못하고 선생님의 애를 태웠구나. 칠순을 바라보시는 선생님은 여전히 마르셨고 온화한 음성에 정중하시다. 머리엔 하얀 은발이 눈처럼 날린다. 뜨끈한 만두국을 사주시는 선생님. 음식 값이라도 내고 미안함을 덜려는 나에게 여기는 선생님의 동네라고 막무가내시다. 여전히 고집이 세시다.
  원서동 길 언덕을 올라가 아름다운 커피 하우스에 들어갔다. 선생님과 함께 걷는 길이라니 더 높은 언덕도 오를 수 있을 것 같다. 선생님과 커피 한잔을 사이에 두고 나는 겨우 웃을 수 있었다. "허락하시면 앞으로 이런 시간을 자주 갖고 싶어요." 선생님은 나의 이 말에 빙그레 웃기만 하셨다.

  인생을 하나하나 정리하고 계시다고 말씀하신다. 집도 물건도 자매들과 조카들에게 나누어 주시고 다니시는 성당에 기부도 하신다고 하였다. 그러다 테이블 위에 커다란 복주머니를 꺼내 놓으신다. 대학교에서 퇴임하실 때 제자들에게 받은 금반지와 목걸이를 모두 돌려주고 몇 개 남았는데, 이 중에 어느 것이 자열이 네 것이냐고 물으신다. 나는 깜짝 놀랐다. 이것 때문에 선생님이 그렇게 나를 만나고 싶어 하셨구나 생각하니 가슴이 먹먹해졌다.
  "아, 선생님, 아, 선생님, 그것은 선생님께 드린 것인데…" 나는 또 말문이 막혀 마이크 테스트를 한다. 평생 잘 간직했다고 제자들의 마음을 생각하며 볼 때마다 기뻤다고 하신다. 이제는 주인들을 찾아주고 싶다고 이것들의 소임도 끝났다고 하셨다. 요즈음 금값도 비싼데 도움이 될 수도 있지 않겠니? 하며 허허 웃으신다.

  그때는 자녀들을 키우고 학교에 다니며 동동 거리느라 선생님을 찾아뵙자는 동창들의 전화가 늘 뒷전이었다. 그러다 외할머니께서 돌아가셨을 때 외삼촌 동기들과 문상오신 선생님을 뵙고 얼마나 송구하던지 숨고만 싶었다. 선생님을 구석으로 모시고 가목에 걸고 있는 십자가 목걸이와 손에 낀 금반지를 빼어 가방에 억지로 넣어드렸다. 어떤 마음이든 물건이든 나는 선생님께 드리고 싶었다. 죄송하다고 말씀드리며 십년동안 밀린 스승의 날 선물이라고 팔아서 물감이며 붓을 사서 좋아하시는 그림 마음껏 그리시라고 아니면 맛있는 것 실컷 사 잡수시라고, 나는 버릇없이 강제로 스승의 날 선물을 안겨 드렸다. 고학을 하시며 힘들게 미술대학을 마치셨다고 들려주신 이야기가 늘 마음에 아프게 남아있어서였다.

"녀석, 무엇이 그리 미안하누. 예나 제나 엉뚱한 것은 여전하구나!"

30대 제자에게 녀석이라고 불러 주셨다. 학생 때 우리들이 아무리 잘못해도 선생님은 "이 녀석들이!" 하며 발을 구르며 호통 한 번 치실 뿐이었다. 십 년 치 선물이라니 고맙게 받겠다고 말씀하셨다. 동생들 공부시키시느라 혼기를 놓치셨을까. 여전히 혼자 사시는 선생님께 무언가 해드리고 싶었던 작은 마음을 기쁘게 받아주셨다.

나는 떨리는 손으로 금반지와 십자가 목걸이를 골랐다.

"이것이 제가 드린 것입니다. 그때는 이렇게 선생님께 선물도 드리며 살았군요. 요즈음은 저 사는 것만 급급해서 외로우신 선생님께 연락도 못 드렸네요. 도로 주신 금반지와 목걸이는 아주 귀하게 쓰겠습니다. 고맙습니다. 선생님!"

눈가에 은구슬이 맺혀도 나는 이제 말을 더듬지 않는다. 가슴 가득 사랑이 밀려온다. 그래 이렇게 사는 것이구나. 황금의 노예가 되지 않고 당당하게 황금의 주인이 되어, '이리가라, 저리가라' 위엄 있게 명령하면서. 금보다 귀한 그 마음을 나누면서 물질에 끌려 다니지 않고 이렇게 멋지게 사는 것이구나! 선생님은 나에게 새로운 가르침을 주신다. 공책에 적을 수 없어 마음에 새겨 놓았다.

아무 것도 갖고 있지 않은데 많은 것을 갖고 계신 것 같은 사람.

떠날 때를 알고 주변을 정리하며 마음의 사랑을 나누는 사람.

제자들의 선물을 바라만 보고 기뻐만 하셨던 사람. 그분이 우리 선생님이시다!

금값이 아무리 높아도 제자를 사랑하는 스승의 마음보다 높으랴! 돌아오는 버스 안에서 나는 그 귀한 반지와 목걸이를 며늘아기에게 주리라 마음먹는다. 일찍 결혼하는 것이 부모들께 죄송하여 커플링 반지만을 주고받고 결혼한 가난한 나의 아이들! 욕심 없는 아들을 평생 동반자로 선택해 준 착한 나의 며느리에게 선생님의 마음과 함께 건네주리라. 정금 같은 믿음을 가진 부부가 되라고 축복하면서 건네주리라.

선생님의 금반지는 내가 욕심 앞에서 마음이 흐려질 때 마음 속에서 꺼내어 몇 번이고 다시 손에 껴 보리라. 선생님이 주신 금반지는 오래도록 내 마음에서 반짝일 것 같다.

(2011.07.01)

김장을 담그며

 작은아버지께서 농사를 지어 보내 주시는 배추는 채소가 아니라 한 포기 사랑이다. 나이 드신 작은 아버지의 손길이 일 년 동안 수십 번을 오갔을 것이다. 주문 김치가 편하고 얻어먹는 김치가 더 맛있다는 것을 알고는 있지만, 시들세라 몇 번이나 전화하시며 밭에서 뽑자마자 보내신 작은아버지의 사랑을 외면할 수가 없어서 나는 힘겹게 푸른 배추와 한 포기 한 포기 씨름을 하기로 한다.
 우선 배추의 숫자를 줄이기 위하여 언니와 가까이에 사는 친구에게 몇 포기 나눠 준 뒤 비장한 각오로 나만의 김장을 시작한다. "엄마 오늘 김장할 거야!" 비장한 각오로 허공에 대고 외치기도 한다. 다듬고 소금에 절이고 한밤중에 일어나 뒤집고, 친정엄마가 한 것처럼 짠 맛을 보고 또 보면서 나는 후회를 한다. 괜히 시작했다고.

어린 시절 마당에서 김장을 하던 엄마는 얼마나 추우셨을까? 배추밭에서 배추를 뽑고 수레에 실어 날라 오던 그 추운 저녁, 엄마는 힘이 들지 않는 줄 알았다. 밤새 무를 씻고 썰고 마당을 드나들던 엄마는 졸리지 않은 줄 알았다. 아버지는 마당 한 편에 김 칫독 구덩이를 다섯 개나 파놓고 짚을 엮어 지붕을 만들어 놓으셨다. 남편도 작은아버지의 정성을 생각했는지 이 정도 김장은 문제없다고 김치통도 닦아 주며 열심히 거든다. 갓과 미나리, 생강과 마늘, 새우젓과 멸치젓, 그리고 고춧가루를 적당히 버무리며 나는 그저 김치가 우연히 맛있기를, 어서 김장이 끝나기를 바란다. 쭈그리고 앉아 김치를 담그는 내가 촌스럽게 느껴진다. 아이들이 아빠와 엄마가 김치를 담그는 모습을 디카에 담으며 깔깔깔 웃는다.

　어린 시절 나는 엄마 곁에서 무를 나르고 징그러운 청각을 찢고 그리고 마늘을 깠다. 언니는 냄새가 맵다고 먼저 자지만 나는 그저 엄마의 눈치를 보며 대청마루 가득히 무가 참 많기도 하다고 속으로 원망을 한다. 엄마는 적어도 배추 한 접, 100포기는 담가야 할머니네도 성순이 이모네도 드리고 김치만두도 해먹고 추운 겨울을 반찬 걱정 없이 지낼 수 있다고 하셨다. 100포기는 어린 시절 내가 만난 세상에서 가장 큰 숫자이다.

　김장을 하며 나는 배추의 일생을 생각해본다. 푸르른 배추로만 우아하게 살아남을 수는 없을 것이다. 소금에 절여지고 물에 휘둘리고 고춧가루와 마늘에 혼이 나며 배추는 그렇게 정신을 잃어 간다. 김치통에 차곡차곡 넣어져서 깜깜하고 차디찬 김치냉장고에 들어가 한두 달을 견뎌야만 맛있는 김치로 거듭나 식탁에 오를 수 있다. 영양 만 점 김치로 대접 받기까지 배추는 정말 험난한 고통을 이겨 내야 한다. 입 속에서 나는 아삭 아삭 소리는 배추의 웃음일까 눈물일까.

 동네 아주머니들이 우리 집에 모여서 김치를 담그고 큰 솥에서 동태 배추찌개가 부글부글 끓을 때, 나는 우리 집이 참 부자라고 생각하며 좋아서 우물가에서 마루로 열심히 절인 배추를 날랐다. 김장이 끝나면 노란 배추와 빨간 무채 속을 집집마다 돌리곤 했다.
 열 포기 정도의 어설픈 김치 담그기가 끝나고 나는 너무 힘들어 엄마처럼 누구와 나눠 먹을 생각은 하지도 못 한다. 어른이 되어 만난 숫자 10은 참 작은 숫자임을 안다.
 커피를 마실까 쌍화탕을 마실까 망설이다 나는 엉금엉금 기어서 목욕탕에 간다. 내가 배추를 리드한 것 같은데 내가 배추에 또 당했음을 안다. 나는 후회를 한다. 내년에는 안 담그리라.

 엄마는 밤새 일을 하신 것 같다. 김치에 이어 알타리, 동치미까지 담그셨다. 파김치가 되어 누운 엄마의 다리를 주무르는 대파 같은 아버지의 등이 그날만큼은 새우처럼 피곤해 보였다. 광에 쌓아 놓은 연탄이 있고 쌀독에 쌀이 있고 배추 밭을 가지고 있고 정다운 이웃이 있어서 엄마는 행복해 하셨다.

  냉장고에 먹을 것이 그득하고 갈아입을 옷이 많지만 나는 때때로 외롭다. 마음속에 자리 잡은 돌덩이 하나, 그 돌덩이를 치워주면 다른 헛된 것으로 채울까봐 주님은 모른 체 하신다.

  그 돌에 그 흔한 눈물로 나는 오늘도 새겨 넣는다. 내가 사랑하는 것은 그 돌덩이가 아닌, 그 돌덩이 때문에 십자가에 오르신 주님의 발이라고. 내 어찌 감히 주님을 사랑한다고 말할 수 있으랴.

  김칫독을 비닐로 꽁꽁 싸매어 덮고 항아리 뚜껑을 어루만지며 어머니는 자녀들에게 내년에는 더 맛있는 김치를 담가주마 하셨는데, 나는 해마다 내년에는 김장을 담그나봐라 배추를 협박한다.

  엄마는 배추처럼 사신 것 같다. 자식들의 입 속에서 녹아질 때까지 자식들이 자라는데 필요한 양분이 되시려고. 나는 푸르른 배추만을 고집하며 휘둘리지 않으려고 절여지지 않으려고 고개를 빳빳이 들고 몸부림을 친다. 소금과 고춧가루를 만나면 가슴을 쓸어내리며 억울해 한다.

  엄마는 그냥 코를 골며 연탄구멍만을 조금 더 열어 놓고 그렇게 사신 것 같다. 아버지는 가끔씩 엄마의 자리 밑이 따뜻한가 손을 넣어 보셨다. 성경 말씀을 좔좔 외우지 않더라도, 신앙 세미나에 참석 해본 적이 없어도, 엄마는 그냥 그렇게 절여지며 어두운 세월을 견뎌내신 것 같다. 나이가 들어가는 요즈음, 나는 엄마처럼 참고 살며 일도 많이 하며 자식을 뒷바라지 하고 사는 일이 힘들다는 것을 깨닫는다. 그래서 내년에는 김장을 안 담그려 한다.
 배추 속에 엄마의 모습이 보이는 것이 싫어서.

그 추운 겨울,
온 종일 배추 밭에서 배추를 뽑고 다듬던
어머니의 거친 손이 생각난다.
몸뻬 바지만을 입으셨던 나의 어머니!

배추 꼬랑지 하나 깎아 드시며
엄마는 잠시 손을 놓고 기도 하셨다.
그 흔한
배추 꼬랑지 하나를 드시며!

(2006. 11)

숲에서

내가 사는 미도 아파트 뒤에는 작은 숲이 있다. 그 곳은 산책로와 운동시설이 비교적 잘 정돈되어 있다. 숲에 나가면 운동하는 사람들의 땀과 건강한 미소가 가족끼리 산책하는 이들의 단란함이 숲에 배어 있다.

배드민턴의 흰 공이 경쾌한 소리를 내며 바람을 가르고 천진스러운 아이가 꽃잎 같은 웃음을 뿌리는 숲! 나는 전자도 후자도 아닌 나만의 이유로 숲을 찾곤 한다. 너무 속상해서 마음이 무너질 때 씩씩거리며 숲을 서너 바퀴씩 돌고 땀에 흠뻑 젖곤 한다. 외로울 때마다 나는 그렇게 숲으로 달려간다.

푸른 숲은 그런 나의 투정을 외면하지 않는다. 엄마처럼 포근히 들어 준다. 어느 날도 그렇게 마음이 아파서 숲을 돌고 있을 때 나의 코끝을 부드럽게 스치며 지나가는 신선한 향기가 있었다. 그것은 첫사랑의 풋풋한 향기 같기도 하고 내가 꿈꾸던 아름다운 아내의 향기 같기도 하여 가슴이 저려왔다. 아카시아 꽃냄새와 촉촉한 보드라운 땅과 푸름이 어우러져 만들어낸 너무도 고귀한 향기! 아, 나도 이런 향기를 품고 살고 싶었는데... 5월에도 아카시아 흰 꽃이 온 숲에 떨어져 마치 신부를 위한 융단처럼 깔려 있어 내 발걸음을 부끄럽게 하는 것이다.

푸르른 축제에 초대받지 못한 손님처럼 나는 쭈뼛거린다. 갈색 낡은 벤치에 앉아있노라니 푸름이 내 온몸을 적셔 온다.

소중한 내 자녀에게 늘 다그치며 그들의 이야기에 귀 기울이지 못한 미운 엄마, 늘 피곤한 모습만을 보이는 지친 아내를 잠시 내려놓고 울음을 토해내고 싶다. 가슴의 푸른 멍이 지워지도록...

6월의 신록들이 반짝이며 나에게 손짓한다. 이 세상의 모든 언어를 잠시만 잊고 숲의 언어로 이야기 해보라고. 외로움에 지친 나의 땀과 눈물은 한 줄기 향기가 되어 바람에 스민다. 자녀에게 성급하게 재촉하지 않고 푸른 숲과 같은 엄마로, 아카시아 향기 같은 아내로 살고 싶은 마음을 바람에게 전해 본다.

오후의 햇살이 6월의 숲을 가르며 피곤한 내 어깨 위에 잠시 머물다 간다. 산책로에서 사람을 만나지 않으면 그 길이 나만의 길 같아 즐겁고, 우연히 사람을 만나면 그들도 이 숲에서 안식을 얻고자 하는 이웃 같아 보여서 정답다. 천천히 걸을수록 정답다.

나는 며칠 전부터 우리 바우와 숲길 산책에 나선다. 바우가 사람의 언어를 쓰지 않기에 함께 산책하는 것이 즐겁다.

하루의 일을 반성하며 내 사랑과 헌신을 다짐하며 숲길을 걷는

다. 푸름과 아카시아 향기 한 줌을 주머니에 담아 오려고 애쓴다. 결코 서두르는 법 없이 늘 그 자리에서 하늘 향해 기도하는 나무들의 팔을 보며 이 땅의 일에 욕심 부리지 말자 다짐해본다. 바람이 불어도 변함없이 기도하는 나무의 의연함을 본받고 싶다.

 나무는 늘 그 자리에 흔들리지 않고 서 있다. 다른 나무의 자리를 부러워하지 않는다. 행복은 멀리 있지 않다고 나무처럼 기도하라고 숲은 나에게 속삭여준다. 흐리고 피곤에 지친 사람들의 숲에서 그 누구도 부러워하지 않고 아무도 업신여기지 않으면서, 나만의 손짓으로 묵묵히 주어진 삶을 사랑하는 법을 숲에서 배운다. 외로우면 꽃향기 맡으며 걷고, 또 외로우면 나무처럼 기도하고, 그래도 외로우면 바람에게 등을 맡기고 걸어 가보자. 걷다가 숲에 잠시 주저 앉으면 어떠리.

 늦은 오후, 햇살 한 자락, 바람과 꽃향기 모두 품고 있는 6월의 숲을 나는 사랑한다. 속 깊은 울음을 오래오래 토해내도 모두 들어주고 바람으로 씻어 주는 어머니의 품처럼 포근한 숲이 있었구나. 나의 울음이 나뭇잎 반짝이는 푸른 웃음을 닮을 때까지 나는 6월의 숲을 사랑하리라. 바우가 그만 가자고 자꾸 내 발목을 물어 당긴다.

 그래, 내 옆에 바우 네가 있었구나!

어머니의 성경책

친정으로 가는 발걸음은 늘 무겁다. 평안과 건강을 누리시는 모습을 뵙고 오면 좋은데, 오랜 병을 앓으시는 어머니는 육체적으로 쇠잔하여 외로움에 갇혀 계신다. 아들 며느리와 손자 손녀를 거느리고 좋은 집에 사시지만 그 복을 모르시고 주님을 믿는 당신의 신분이 얼마나 귀한 신분인지도 모르신다.

3년 전부터 어머니의 방이 유난히 어질러져 있다. 편찮으셔도 깔끔한 분이셨는데 피자 박스며 와이셔츠 상자 각이며 비닐봉지들을 다 쌓아 놓고 사신다. 약장수에게 싸게 샀다는 치약과 칫솔, 양말을 한 박스나 모아 놓고 친정을 방문한 딸들에게 귀한 선물인양 나눠주신다. 어머니는 생필품이 귀한 시대에 사셨다. 어머니의 시간은 과거에 멈춰 있는 듯 늘 지나간 시간만을 이야기 하신다.

벼르고 별러서 어머니의 방을 정리해 드렸다. 박스를 버리고 낡은 양말들과 비닐봉지를 갖다 버렸다. 다 쓸 데가 있다며 아까워하시는 어머니에게 이렇게 어지르고 살면 다신 찾아오지 않겠다고 버릇없이 으름장을 놓았다.

  그렇게 정신없이 청소해 드리다가 시선이 한 곳에 꽂혔다. 반닫이 위에 놓인 검고 낡은 어머니의 성경책! 내가 고등학교 때 보다가 두고 간 성경책이다. 세로 읽기에 글씨체도 작고 성경 챕터마다 구분도 안 되어 있는 그저 벌겋게 칠해진 낡은 성경책이다.

  요즈음은 성경책들이 다양하게 디자인되어 큰 글자 성경, 가벼운 성경, 체크무늬의 지갑형 성경, 금박 입힌 성경 등등 얼마나 다양한가? 큰 돈은 아니지만 헌금하시라며 드리려고 신권으로 준비해 온 돈을 성경책에 잘 넣어 드리려 했는데. 당황해하는 딸 앞에서 어머니는 말씀내용은 다 똑같다며, 돋보기를 쓰고 보면 괜찮다고 딸을 위로하신다. 사그라져 가는 어머니의 건강 앞에서 받을 사랑만 계수하고 사는 못난 철부지 딸을 늘 용서하신다. 선교한다며 이민족을 섬긴다며 외국으로 수 십 권의 성경책을 보내며 은근히 뽐내던 교만한 마음들이 돋보기로 키워도 갑갑하게 보이는 어머니의 낡은 성경 책 앞에서 한 없이 구겨진다.

  집으로 돌아가는 나는 마음이 무겁다.
  외롭다고 하시는 어머니,
  더 많이 찾아와서 말벗을 해드려야 되는데.
  서럽다고 하시는 어머니,
  어머니의 희생은 결코 헛된 것이 아님을 존중해 드려야 하는데.

희망이 없다고 하시는 어머니, 주 안에서 우리의 소망은 해처럼 빛남을 삶으로 보여드려야 하는데.

어머니가 쓰시다만 시 한 편이 적힌 원고지를 펼쳐 읽었다. 경로 성경 대학에서 숙제로 쓰신 것 같다. 받침도 틀리고 연과 행의 구분도 없는 어머니의 시. 한 자 한 자 또박또박 예쁘게 쓰신 주님만 사랑한다는 어머니의 시를 차마 눈으로 읽을 수가 없어서 가슴으로 읽어 내려갔다.

내 믿음과 사랑만 키우겠다고 바쁘게 돌아다닌 무심한 딸의 목이 메인다. 친구들과는 그렇게 많은 이야기를 나누는 수다스런 딸의 모습이 부끄러워서 고개를 들 수가 없었다. 그 이야기의 한 조각만 시간을 떼어서 어머니와 정답게 나누면 좋으련만. 어머니에게 시간에 대해서 인색했음을 뉘우친다. 어머니는 자주 챙겨드리는 용돈보다 어쩌면 함께하는 시간을 더 원하셨을지도 모른다.

'네가 왜 바쁜지, 무엇 때문에 바쁜지 나는 잘 모르겠구나.
나는 늘 너를 기다렸단다.'
주님이 쓸쓸히 버스 창 밖에 서서
잘 가라고 손을 흔들고 계셨다.
내가 안 보일 때까지...

사랑의 젖 타령

만원버스에서 버스가 앞뒤로 흔들리자 어떤 아주머니가 소리쳤단다.

"내 젓 터져~~내 젓 터져요~!"

버스에 탄 사람들은 민망하고 너무 웃겨서 이리 흔들 저리 흔들 거렸다. 내릴 때 보니 그 아줌마는 새우젓 장수였단다. 중학교 때 들었던 60년대식 개그지만 생각 날 때마다 재미있다.

새벽에 토론토에 사는 아들에게서 전화가 왔다. 첫 딸을 생산했는데 며느리가 젖이 안 나온다는 것이다. 나는 멀리 있는 우리 며느리 젖이 잘 나오게 해달라고 허겁지겁 여기저기 기도제목을 돌린다. 이른 아침 감사하게도 여기저기에서 격려 문자가 날아든다.

'등에서 가슴으로 젖 마사지를 잘해야 해요.' (실습형)
'우리 딸도 초유가 3일이나 늦게 나와 애를 태웠죠.' (경험형)

'더운 수건으로 젖 맛사지를 꼼꼼히 잘해야 해요!' (호소형)
'미역국을 많이 먹고 양질의 단백질을 섭취하세요.' (이론형)
'네! 기도하겠음.' (단답형)
'임신 중에 젖 마사지하지 않고 뭐했냐?' (훈계형)
'생명을 주신 이가 젖도 주시지 않겠어요?' (설교형)
'옛날 어른들은 참젖이 좋다고 했는데.' (과거형)
모든 문자마다 젖 타령이다.
기도하다가 갑자기 웃음이 터져 나왔다. (저런! 주책형)

체통 없이 기도하다 웃다가 갑자기 나는 부족하고 나쁜 엄마라는 과거가 생각나 가슴이 무너진다. 나는 첫딸에게 그 좋다는 초유를 먹이지 못했다. 제왕절개로 출산하고 집에 왔을 때 퉁퉁 불은 젖을 주체할 수 없어 젖몸살이 나고 열이 펄펄 끓었다. 나는 헛젖이었나 보다.
왜 그렇게 준비 안 된 어설픈 엄마였을까. 환자이셨던 친정엄마도 쩔쩔 매시기만 했다. 밤늦게 남편이 돌아와 퉁퉁 불은 젖을 모두 짜주면 거짓말같이 열이 떨어지고 살 것 같았다. 그때서야 아기 얼굴이 눈에 들어왔다. 열이 그렇게 무서운 줄 몰랐다. 우리 남편은 소젖 짜는 은사가 있나보다. 둘째 아들을 낳았을 때도 젖몸살의 악몽이 떠올라 철없는 에미는 아기를 낳자마자 젖을 말리는 주사를 맞았다. 초유먹이기를 시도도 해보지 않은 엉터리 엄마 바보 똥개멍게 말미잘 해삼 너구리 멍텅구리라고 지금도 내 자신을 질책한다.

며느리에게는 점잖게 초유의 좋은 점을 이야기하며 꼭 먹여야 한다고 메일을 보낸다. (어쭈구리! 이것은 제일 나쁜 위선형이다.) 몸이 약한 남매들이 감기에 걸릴 때마다 얼마나 가슴이 덜컥했는지 모른다. 초유를 포기한 미련한 엄마의 잘못 같아서 말이다. 이제 자녀들의 육체의 건강이 아닌 영적인 건강을 또한 힘써야 할 때이다.

나는 '신령한 젖'을 사모하라는 주님의 말씀을 좋아한다. 젖이라는 말이 주는 포근한 이 느낌은 엄마의 가슴에서 나오기 때문인가보다. 젖은 곧 아기들의 생명줄이 아닌가.

올바른 적용이 되는지는 모르겠지만 음악가인 딸과 건축가인 친구 아들에게는 창조의 젖을 달라고, 이혼을 생각하는 친구에게는 사랑의 젖을 달라고 주님께 호소한다. 모두들 젖이 부족하여 마음이 병드는 것 같다. 멀리 외국에 나가있는 외로운 조카도 믿음의 젖을 먹고 외로움을 이기게 해달라고 기도한다. 그리고 부족한 엄마인 나에게도 지혜와 분별력과 인내의 젖을 달라고, 좋은 것은 다 달라고 떼를 써본다.

'앙앙앙!' 어린아이처럼 계속 울어대면 주시겠지!' 빨래하다가도 아기 울음소리가 들리면 고무장갑을 내팽개치고 달려오던 엄마처럼. 아기가 배고프면 엄마의 젖이 찌르르 울린다고 했다. 우리가 간절히 기도하면 주님의 가슴도 찌르르 울릴 것이다.

오늘 아침은 풍성한 아침이다. 또 다시 기도의 무릎을 꿇어야

하는 경건한 아침이다. 이래서 관절염이 나을 수가 없다고 엄살도 부려보지만 기도해줄 자녀가 있어서 행복한 아침, 기도할 수 있어서 감사한 아침이다.

주님!
우리 손녀딸 진주에게 참젖 주실꺼죠? (오늘의 젖타령 끝!)

(2011.05.06 진주 할머니의 일기)

2월의 구혼여행

 2월 달에 남편 맹 집사의 환갑이 있어서 짧게 청도여행을 다녀왔다. 청도는 중국의 서쪽 바닷가 해안에 자리 잡은 유럽풍의 아름다운 도시다. 그 도시가 중국이라는 느낌이 들지 않은 것은 오랫동안 독일의 지배를 받던 문화의 양식이 남아있어서 그렇다고 한다. 여행에서는 가이드가 중요한데 조선족 가이드의 투박한 첫인상이 마음에 들지 않았다. 하지만 어쩌겠는가. 그래도 가이드의 설명에 눈 감고 귀를 기울이는 수밖에. 설명을 듣다보니 가이드가 중국 역사에 대해 무척 잘 알고 있고, 아는 것에 대해 소신있게 열심히 설명을 해준다는 생각이 들어 사람의 외모만 보고 판단했던 내 자신이 경솔했음을 느꼈다.
 가이드는 함경도 회령이 고향이라 했다. 어릴 때 회령에서 살다가 열 살 쯤 중국으로 이주하여 중국에서 자라고 공부하고 우리나라에도 여러 차례 방문했다고 한다. 우리나라가 잘 살게 되어

관광객들이 많이 찾아와 가이드 일을 하게 된 것이 참 감사하다고 했다. 반면에 너무 잘 살면서도 불평이 많은 우리의 모습에 많이 놀랐고, 북한에 방문하게 될 때는 너무 못살고 일체 할 말을 못하고 참고 사는 사회체제에 가슴이 아프다고 했다.

 내가 이 글을 쓰게 된 것은 마지막 날 가이드와의 대화 때문이다. 자신에게 뭐든지 질문해 보라는 그에게 버스 안의 여행객들은 '장가는 갔느냐?', '앞니는 언제부터 부러졌느냐?', '하루 수입은 얼마냐?' 등등 시시한 것들만 물어 보았다. 나도 부끄럼을 타는 초등학생처럼 손을 들고 질문을 던졌다. 당신은 만약에 중국, 대한민국, 북한이 축구를 하면 어느 나라를 응원 하냐고. 아니, 솔직히 말해서 당신의 조국은 어디라고 생각하냐고 물었다. 가이드는 잠시 생각에 잠겨 창밖을 바라보더니 진지하게 대답해 주었다.

 "나의 고향 북한은 가난한 어머니입니다. 허리가 휘게 일해도 늘 굶주리는 어머니의 나라지요. 중국은 저를 공부시켜주고 자라게 한 양부모의 나라, 고마운 나라라고 할 수 있겠죠. 그리고 대한민국은 잘 사는 부자 아버지의 나라 아닐까요? 그 아버지 품에 기대어 저도 이제 무언가를 이루고 싶네요."

 그 진지한 가이드의 대답이 오래도록 가슴에 남았다. 이 사람은 이렇게 숙명적으로 세 나라를 품고 사는구나.

 잘 사는 대한민국, 부자 아버지의 나라! 가난한 어머니의 나라와 합치지 못하고 있는 그 수많은 정치적 이유들. 진짜 잘 사는 것은 어떤 것일까? 풍족한 밥상 앞에서도 감사함을 잊고 사는 우리는 과연 잘 살고 있는 것일까? 어떻게 하면 허리가 휘도록 일해도 늘 굶주리는 북쪽 내 동포를 도울 수 있을까? 어떻게 하면 배고픔보다 더 치욕적인 탄압에 고통 받는 북한 주민들의 인권에 관심을 갖고 도울 수 있단 말인가? 막연하지만 탈북자들과 북녘 땅을 위하여 더욱 열심히 기도하며 관심을 가져야겠다고 다짐했다. 우리나라가 좀 더 힘이 있어서 주변 국가들의 반대를 물리치고 자유민주주의 체제로 북한을 통일 흡수해서 북한 주민들의 억압이 끝나는 날이 빨리 오기를 기도했다. 이것은 우리 모두의 소원일 것이다.

2월의 구혼 여행은 생각한 것만큼 신이 나고 멋있지는 않았다. 그렇지만 남편과 하루 종일 같이 다니고 하루 세 끼 같이 밥을 먹고 같은 곳을 바라보고 함께 이야기를 듣는 일이 내게는 즐거웠다. 젊은 시절 사업에 바쁜 남편을 나는 늘 기다리며 살아왔다. 집과 학교, 그리고 교회에 다니는 일이 전부였지만 이 세 가지 일을 잘 해내기가 나는 늘 버거웠다.

나도 누군가에게 위로 받고 싶고 격려 받고 싶었지만 늘 내 자신의 역할들을 누군가에게 심사받고 있다는 느낌이 들었다. 아내로서 교사로서 어머니로서 어느 역할 하나 딱 부러지게 잘해내는 것이 없이 늘 '주님 어떻게 해요? 어떡하면 좋아요?'하며 울고 다닌 것 같다.

사랑은 내리사랑이라고 자녀들 교육에만 신경 쓰느라 늘 소홀

할 수밖에 없었던 딸의 자리였다. 친정어머니는 언제나 막내딸을 기다리셨다. 결혼 생활을 무리 없이 잘 해내는 것이 나름의 효도라고 자신에게 편리한 생각을 하며 내 보금자리만 들여다 본 것 같다.

가까이에서 보이는 남편의 모습이 때론 측은하고 때론 안쓰러워 보인다. 오랫동안 입어서 편안한 옷처럼 그러나 늘 쓰고 나서 못 부친 편지와 같은 아쉬움도 한자락 남아 있다. 남편은 인생을 살아오면서 과연 진정한 나의 편이었을까? 앞으로 남은 인생길도 함께 손잡고 걸어갈 수 있을까?

젊은 시절 몸은 바빠도 그렇게 남편하고 함께 어딘가에 가고 싶었는데 그 때 남편은 어디에 있었지? 은근히 얄밉기도 하여 나는 옆자리에서 잠이 든 남편에게 살짝 눈도 흘겨본다. 매력도 없고 애교도 없는 우직한 아내이지만 그게 나의 본성인들 어찌하랴. 내가 외로웠던 시간만큼 남편도 외로운 시간이 있었겠지 하며 마음을 달래본다. 활활 타오르는 정오의 태양만 사랑은 아닐 것이다. 해질녘 바닷가의 그 은은한 노을빛도 사랑이 아니겠는가? 비바람이 불어 때론 햇빛이 없는 것 같아도 태양은 늘 그 자리에 있는 것이다.

여행 와서 잠만 잔다고 나는 남편을 살짝 꼬집는다. 남편은 오전에는 필기하며 열심히 들었다고 아이처럼 선생 마누라에게 변명을 한다. 2월의 구혼 여행은 우리들의 마음을 다시 들여다보는 여행이었던 것 같다. 이 여행을 마치고 다시 나의 보금자리로 돌아간다면 그 보금자리를 더욱 사랑해야지 생각한다. 떠나보면 알게 되는 소중한 나의 보금자리, 그러나 무엇보다 가장 아늑한 보금자리는 바로 남편의 옆자리가 아닐까 생각한다. 여행이 아름다운 것은 돌아갈 곳이 있어서가 아닐까 생각하며 나는 주섬주섬 돌아갈 여행 가방을 챙긴다.

 우습다. 가이드가 타라면 타고 먹으라면 먹고 보라면 보고 잠자러 들어가라면 들어가고 참 쉽고 재미있는 여행이다. 이런 여행도 올 때가 있으면 갈 때가 있다. 이제 가이드가 여행의 끝 날을 알리니 돌아갈 가방을 챙겨야겠다. 모두들 돌아가서 행복하게 사시라니 그 말도 잘 들어야겠다.

 우리의 인생도 어느 때인가 주님이 부르시면 가야할 것이다. 그 때는 짐을 챙길 수가 없을 것이다. 서로 사랑했던 마음만을 챙겨가야 한다. 하나님을 잘 믿으며 살았는지, 이웃을 내 몸과 같이 사랑하며 살았는지, 남편과 한 몸이라고 하신 그 말씀대로 순종하며 살았는지, 여행을 다녀오면 얼마나 썼는지 가계부를 정리하듯이 우리도 하나님 앞에 서서 인생의 회계보고를 해야 할 것이다.

 여보, 우리 앞으로는 짧게라도 여행 자주 다녔으면 좋겠어요.
 남편이 말없이 내 작은 손을 잡아준다.
 우리들의 구혼 여행은 2월의 날씨처럼 스산하게 막을 내린다.
 그 스산한 바람이 봄을 잉태하고 있음을 나는 안다.
 2월을 견딘 자만이 3월의 봄을 맞이할 것이다.

(2013.02.24)

어머니, 그 아픈 이름

어머니께 가는 길은 늘 발걸음도 마음도 무겁습니다. 우리 어머니는 현선자 권사님이시고 올해 여든 한 살이셔요. 오랜 기간 노인병원에 계십니다. 한국의 어머니들이 대개 그렇듯이 근검절약으로 빚 안지고 사남매를 모두 훌륭하게 키우셨지만, 노후를 생각하시며 모으신 돈은 통장에서 병원비로 빠져나가고 어머니가 차지한 자리는 작은 침대 한 칸뿐입니다.

노인 병원에 가면 모든 어르신들이 무기력하게 초점 없는 눈으로 누워 계십니다. 간병인들은 어르신들을 아기처럼 취급하기도 하고, 때론 무례하게 반말을 하고, 건강에 대한 우월의식을 갖고 한심하게 노인들을 바라보기도 합니다.

늙음은 무엇이며 병듦은 무엇일까요? 인생에서 허락하신 모든 일들은 주님의 섭리 안에 있다고 생각하지만 때때로 마음이 무너집니다. 가장 기초적인 식사와 대소변을 다른 이의 손에 맡긴 어르신들의 심정이 어떠할까 생각합니다. 우리가 보기엔 초라해 보여도 영혼을 보시는 주님 보시기에는 아름다운 딸들이라고 저는 생각합니다. 그리고 그 편찮으신 어르신들의 삶에는 각자 자손들에게 주는 교훈이 있다고 생각합니다.

  어떤 이들은 또 말합니다. 현대 의학 기술이 발전하여 노인환자들의 생명을 괜히 연장시키고 있다고요. 세상에, 그것이 자신의 생명이라도 그렇게 말할 수 있을까요?

  봄철이라 거리는 연두빛 생명의 빛깔로 넘쳐나지만 꽃을 좋아하시는 어머니는 가을 가랑잎처럼 만지면 부서질 것 같이 쇠약하십니다. 우리는 병원에서 잘 돌보고 있다고 안심해도 사실 어머니께서 가장 계시고 싶어 하시는 곳은 어쩌면 어머니의 집 안방인지도 모릅니다. 부모는 열 자식을 마다않고 모두 키워냈지만 여러 명의 자식들은 한 분이신 어머니를 병원에서 모십니다. 그것이 최선의 방책이라고 스스로 위로하면서요. 저도 그렇게 생각하고 형제들과 동의 했지만 죄의식이 자꾸만 내 마음을 옥죄어 옵니다.

  그럼에도 저도 집에서 어머니를 모실 자신이 없습니다. 학교에 나가므로 환경이 안된다고 변명을 해보지만 솔직히 어머니께만 헌신할 수 있는 시간이 없습니다. 그저 일주일에 한두 번 어머니를 찾아뵙고, 찬송을 들려드리고, 손을 잡아드릴 뿐입니다.

  어머니 세대는 자신들을 위해서는 아무것도 준비할 줄 모르는 세대였습니다. 거리에서 물건을 팔거나 박스를 줍는 노인들이 예전에는 초라해 보였는데 지금은 그들에게 허락하신 건강이 무척 부럽습니다.

　어머니의 오랜 기도제목이었던 남동생이 교회에 나가고 올해 집사가 되었습니다. 어머니께서 정성껏 돌봐주시던 손녀딸들은 모두 시집가서 예쁘게 가정을 꾸몄습니다. 손녀딸들 이야기를 들려드릴 때 어머니는 가장 기뻐하십니다.

　어머니는 무엇을 더 기다리시고 계시는 걸까요? 부족한 우리 자손들에게 효도할 시간을 더 허락하시는 걸까요? 어머니를 찾아뵙고 함께 있는 시간을 더 늘려야겠다고 생각합니다.

　어머니들은 집안에 닥칠 모든 병마를 대신해서 막아 주시며 편찮으실 때에도 여전히 자손들을 사랑으로 품어주고 계시는 것 같습니다. 이제는 어머니를 고쳐달라고 건강하게 해달라고 기도하지 않습니다. 하나님께서 허락하시는 가장 아름다운 날에 어머니를 불러달라고 기도합니다. 이 땅에 나그네처럼 외롭게 살아도 주님께서 천국에 우리의 아름다운 집을 예비하고 계시다는 것이 얼마나 힘이 되고 위로가 되는 소망인지요.

　아직도 엄마라고 부르면 눈으로 바라보시고 때론 희미하게 웃으시는 어머니가 곁에 계셔서 감사합니다. 미국에 있는 언니보다 내가 더 어머니를 자주 뵐 수 있어서 감사합니다. 사랑보다 더 거룩한 의무, 며느리라는 책임감이 있어서 어머니를 자주 찾아뵙는 동생과 올케가 있어서 또한 감사합니다. 할머니의 손을 잡아주는 예쁜 손녀딸도 있어서 감사합니다. 어머니께서 계신 요양병원이 다른 병원보다 환경이 좋아 감사합니다.

그럼에도 불구하고,
세상에서 제일 가슴이 아리고 아픈 이름
어머니입니다.

> 너 낳은 아비에게 청종하고
> 네 늙은 어미를 경하게 여기지 말라 (잠언 22:23)

오른손이 왼손에게

갑자기 원인 모르게 손목이 아프기 시작했다. 어설픈 솜씨로 무국과 무나물을 만들었을 뿐인데 감정을 담아 무를 너무 세게 내리쳤나? 그렇게 칼을 쓴 것이 원인이라면 원인이었을까. 너무 아파서 설거지도 세수도 왼손으로 대충했지만 오른손의 통증은 심해지는 듯 했다. 손을 들 수도 내려놓을 수도 없었다. 마치 누가 내 손목을 발로 밟고 있는 것처럼 아팠다. 잠옷으로 갈아입을 때도 우스꽝스런 포즈로 '아야, 아야!' 소리치며 자리에 겨우 누웠다. 평소에 아무렇지도 않게 쉬웠던 일들 하나하나에 비명을 동반한다. 손을 위로 놓아야할지 밑으로 놓아야 할지 옆으로 놓아야 할지 모르겠다. 급기야 손목이 화끈화끈 거리며 아프기 시작했다. 한밤중에 일어나 왼손이 파스를 겨우 발라 주었지만 오른손의 통증을 달랠 수가 없다. 내내 아침이 오기만을 기다린다.

토요새벽기도 후 멀리 탄자니아로 선교를 떠나는 친구를 만나 아침밥을 먹기로 했다. 그 자리만은 미룰 수 없는지라 손목이 아파도 이른 아침에 나가야 한다. 그리고 돌아오는 길에 병원을 가야지 생각한다. 오른손아, 내가 누구랑 팔씨름을 한 적도 없고 이불 빨래를 한 적도 없고 야구를 한 적도 없는데 대체 왜 아픈 거니? 많이 한 것이 있다면 카톡뿐인데. 그러나 그것도 꼭 필요한 것들이었다고 내 손목을 달랜다.

  새벽 5시30분, 지하철 첫 차를 타고 서초역으로 간다. 새벽잠이 많은 남편이 말없이 지하철역까지 데려다 준다. 남편은 아프면 쉬라고 하지만 어차피 병원도 오전 9시가 되어야 갈 수 있기에 차라리 교회에서 예배드리며 아프기로 결심한다. 혹시 주님이 불쌍하게 보시고 갑자기 아팠던 것처럼 갑자기 낫게 해주시기를 은근히 기대하면서 말이다. 그러나 주님이 나를 불쌍하게 보실 만한 일들이 요즈음은 없었던 것 같다.
  예배시간에 왼손 한손만 들고 찬양하고 왼손 한 손만 들고 기도한다. 왠지 어색하고 쓸쓸해 보인다. 그래도 왼손이라도 있어서 얼마나 고마운지, 왼손이 머리도 빗겨주고 로션도 발라주고 가방도 들어준다. 왼손은 전에 그랬던 것처럼 그저 묵묵히 자기의 일을 하고 있다.
  예배시간에 오른손이 갑자기 낫는 일은 일어나지 않았다. 이미 병원을 가기로 정했고 주님께 막무가내로 조르지도 않았으니 주님도 적극적으로 나서지 않으시는 것 같다. 누가 내 오른손을 건드릴까봐 '아파요, 아파요!' 미리 방어를 하며 겨우 교회를 빠져 나왔다.

친구는 깜짝 놀란다. 어머나 어떻게 그런 손으로 나왔어? 아프면 나오지 말지! 친구는 걱정 어린 눈빛으로 나를 바라본다.

"네가 나에게 얼마나 중요한 친구인지 너는 모르지. 내가 마음이 아플 때마다 찾아와 위로해주고 함께 울어주었잖니. 그런 네가 이제 인생의 짐, 세상의 모든 짐을 내려놓고 먼 길 떠난다는데 어떻게 내가 안 나와 볼 수가 있겠니. 이제 직장을 퇴직하고 아이들 공부도 끝나고 힘든 일이 끝났으면 룰루랄라 쉴 것이지, 아프리카 먼 나라로 무슨 선교를 나간다니?"

그러나 나는 이 맹꽁이 같은 친구가 살면 살수록, 만나면 만날수록 자꾸 좋아진다. 세상에서 살아가되 우리의 마음은 세상이 아닌 더 먼 곳, 더 높은 곳을 바라보고 살아야 함을 늘 나에게 깨우쳐 주는 친구이다.

선물을 건네며 나는 친구에게 생색을 낸다. 비록 작은 것이지만 나의 왼손이 얼마나 힘들게 들고 왔는지 자랑을 한다. 처음으로 살면서 나의 왼손을 칭찬한 것 같다. 먹고 살겠다고 왼손으로 질질 흘리면서 콩나물국밥을 먹었지만 나는 괜히 기분이 좋다. 헤어지는 친구와 오른손으로 악수는 못했지만 나의 왼손이 대신 해주었다. 오늘 나의 왼손은 참 중요하다.

친구는 나에게 기도원 집사님이 손수 깎아 만든 작은 나무 십자가를 선물로 준다. 나의 왼손은 십자가도 들고 가야한다. 우리의 호흡 다할 때까지 우리의 삶이 기도하며 가야 한다는 것은 알고 있지만 십자가를 선물로 받으니 왠지 마음이 숙연해진다.

기도의 십자가를 끝까지 지고 가라는 주님의 은밀한 지령을 받은 것처럼.

인자한 정형외과 선생님의 미소는 항상 마음을 따뜻하게 한다. 허리가 아파 방문했을 때도 누구처럼 허리가 없는데 왜 허리가 아프냐고 놀리지도 않으신다. 사진을 찍어 보시더니 손목 양쪽에 꽉 찬 염증이 원인이라며, 염증이 왜 갑자기 생겼는지 원인은 모르지만 깨끗이 치료는 할 수 있다고 하신다. 해야 할 가정일이 많아서 손목 깁스는 거절했지만 착실히 손목치료를 받으러 잘 나오겠다고, 앞으로 친구들과 놀 때도 주먹을 쓰지 않겠다고 말씀드렸다. 의사선생님은 유쾌한 환자라고 칭찬하시며 앞으로도 주먹은 절대 쓰면 안된다고 강조하셨다. 유쾌한 처방이다.

집으로 돌아오는 길, 바람난 부인처럼 새벽에 집을 나선 나는 공원에 잠시 앉아있다 가기로 한다. 손목은 괜찮냐고 남편의 문자가 와있다. 나는 남편에게 한 자 한 자, 조심 조심 왼손으로 힘들게 문자를 보낸다. 아침에 피곤한데 데려다줘서 고맙다고, 그리고 거친 세상을 살아가야 할 우리 자녀들을 위하여 기도의 등대가 되어 주자고 문자를 보낸다. 늙은 육체의 부모가 젊은 자녀에게 무엇을 줄 수 있을까.

까똑! 남편에게서 답장이 왔다. 자녀들을 위해 함께 기도한다고 그리고 끝에 아멘이라고 적혀있다. 나는 잠시 가슴이 먹먹해진다. 나만 자녀들을 사랑하고 나만 자녀들을 위하여 헌신하고 기도하고 산다 생각하며 얼마나 많은 시간동안 남편에게 서운해 했는지 모른다. 함께 생명의 유업을 주시고 함께 포도원을 가꾸며 살아가라고 주신 남편인데 수시로 포도원을 허무는 여우들에게 나의 마음을 빼앗기며 살았다. 나만 기도한다는 생각이 얼마나 무서운 교만이었는지, 갑자기 부끄러워진다. 아멘이라는 한마디에 내가 감동을 받은 것처럼 우리 주님도 남편이 쓴 짧은 기도문에 감동받지 않으셨을까? 나는 다소곳이 내 무릎 위에 놓인 왼손을 바라본다. 어쩜, 이름만 왼손이지 오른손과 똑같이 생겼다. 쌍둥이처럼 닮은 왼손에게 늘 목소리가 컸던 오른손이 속삭인다.

"고마워, 늘 그 자리에서 나와 함께 동행하고 도와주고 있었는데 나만 일한다고 생각했구나. 늘 내가 칼을 잡고 있으니 나만 중요한 일을 많이 한다고 생각했나봐. 왼손, 네가 있었기에 오른손인 내가 중심을 잘 잡을 수 있었는데 말이야. 그래서 아마 약속의 아름다운 결혼반지는 겸손한 왼손 너에게 끼워주나 보다."

기도할 때마다 살며시 다가와 오른손을 포개어 준 나의 정다운 왼손! 다소 서툴지만 오른 손이 아플 때 열심히 도와주던 나의 왼손에게 나는 오늘 아침 "땡큐! 포 유어 카인드니스(For your kindness)!" 라고 속삭인다.

꾸준히 하면 어색한 영어 회화도 조금씩 늘 듯이
우리의 사랑도 연습하면 노을 지는 강가 어디에선가
은은하게 붉게 타오르지 않을까.

(2018.11.07)

이사를 하면서

　버려야 할 물건과 이웃에게 주어야 할 물건과 가져가야 할 물건을 정리하는 일이 밤마다 이어졌다. 어려운 작업이었다.

　8년이나 살던 아파트! 이렇게 많은 물건들을 끌어안고 살았단 말인가? 한 번도 입지 않은 옷들, 사용하지 않은 살림살이 도구들, 10년이나 끌고 다닌 책들, 두 발에 다 신을 것처럼 버리지 못한 신발들과 빛바랜 사진첩들, 존재 이유 없이 집 안에 자리 잡고 있는 군더더기 가구들까지.

　남편의 사업 실패 후 찾아온 이 아파트는 올 때는 슬픔을 안고 찾아왔지만 장미의 정원이 있고 나무들이 푸르고 무엇보다 교회에서 소그룹으로 모이는 다락방이 따뜻하였다. 이곳에서 사랑하는 아들딸을 모두 결혼 시켰으니 얼마나 복된 장막인가 나는 가슴이 벅차오른다.

　주인의 손을 붙잡고 선물을 건네며 잘 살았다고 고마움을 표시

한다. 내 자녀를 위하여 기도하는 시간에 주인댁의 자녀를 위해서도 열심히 기도를 하겠다고 약속하였다. 낙천적인 성격 탓일까 소박한 믿음 탓일까, 나는 인생살이 자체가 전세라고 생각한다.

비행기를 타보면 안다. 집채만한 삶의 문제도 코딱지보다 작다는 것을. 해답은 늘 위에 있었다.

이사를 가는 날짜는 9월로 태풍이 몰아치고 장마 비가 예고된 주간이었다. 이사를 며칠 늦춰도 되지 않겠냐며 이쪽 주인, 저쪽 주인 모두 연락이 온다. (이런 선량한 주인들 같으니라구!) 마음이 따뜻해진다. 물질의 여유와 마음의 여유를 모두 갖춘 그들이 부럽다.

내 친구들은 말한다. 비가 멈췄을 때 짐을 내리고, 또 비가 멈췄을 때 짐을 올리면 된다고 미리 기도 응답의 각본을 예고한다. (이런 점쟁이 같으니라구!)

나는 생각한다. 짐이 비에 젖는다면 핑계 삼아 좋지도 않은 살림살이 모두 없애고 단출하게 콘도처럼 살아보리라. 기쁜 척하고 살아왔지만, 상처는 아물었지만, 여전히 내 마음 속에 쓴 뿌리가 남아 있나 보다. 다 때려치우고 싶은 마음이 이렇게 불쑥불쑥 고개를 쳐드는 것을 보면 말이다.

나는 다시 소풍 가는 아이처럼 즐겁게 이사 준비를 하기로 한다. 그릇을 정리하여 나눠주고, 옷장도 정리하고, 이불도 뜯어 빤다. 새로운 곳에서 새 일과 새 만남을 행하실 주님을 기대하는 것은 즐겁다. 출근 거리도, 역세권과 편리함도, 친구들과 멀어지는 그 아무것도 따지지 않고 북한산이 보인다는 이유 하나로 덜컥 계약을 해버린 이 50대의 철없는 여자는 은퇴 후 북한산을 바라보며 글을 쓰리라 희망을 품어본다.

이사하는 날, 비가 내렸지만 친구들의 예언대로 비가 잠시 멈춰주어 나의 촌스러운 이삿짐은 한 방울의 비도 맞지를 않아 나와 이별할 기회를 놓쳐 버렸다. 짐을 모두 뺀 빈 아파트에서 뜨거운 눈물이 흐른다. 버리지 못하고 산 내가 미련해 보여서, 함께 이사를 다녀주신 주님께 죄송하여 눈물이 난다. 눈물에 범벅된 기도를 꿀꺽 삼킨다.

'정리를 잘하면서 살게 해주세요, 잘 버리는 지혜도 주세요.'

이사 간 집에서 남편 맹 집사는 정말 열심히 짐정리를 도와주었다. 커튼을 빨고 달고, 장식장을 정리하고, 세탁기를 수선하고, 냉장고를 닦아준다. 나는 전생에(?) 남편이 전업주부가 아니었을까 잠시 의심을 해본다.

하트의 모양만 사랑일까? 네모도 세모도 사다리꼴도 삐그덕 삐그덕 나에게 다가오면 사랑이 아닐까. 사랑의 언어가 각자 방언처럼 달라서 때론 이해를 못할 수도 있겠지. 십년 이상 오래 묵은 장롱 위의 먼지들이 털려 나갈 때, 나는 홀가분해졌다. 새로 단장하고 내 앞에 선 가구들을 쓰다듬으며 함께 해주어서 고맙다는 뒤늦은 인사를 한다. 아무 말은 없어도 나의 행동을 모두 지켜보았을 정다운 가구들. 늦은 밤 나의 눈물과 한숨도 다 지켜보았을 해묵은 나의 가구들.

나는 사람사이의 관계에서도 먼지를 잘 털어야겠다는 다짐을 한다. 새카맣게 뭉쳐 있는 세균들과 번식을 꿈꾸는 먼지들을 아낌없이 싹싹 털어 버리고 부지런히 쓸고 닦아야 한다고 생각한다.
다시 시작하리라 다시 사랑하리라 결심을 한다. 내 마음의 깊은 곳에 그 먼지들도 굳어서 돌이 되기 전에 날려 버리리라. 북한산의 푸름을 거실 가득 들여놓고 살아야겠다. 아침의 기쁨도 나의 정다운 가구에게 들려주리라. 주님은 나의 초라한 짐 그 어느 것 하나도 비 맞지 않게 하셨다. 담요로 싸서 소중히 차를 태워 모두 옮겨 주셨다.
내 마음대로 계획하고 이사를 정했지만, 좋은 주인들을 만나게 하셨다.
눈물로 찾아 온 곳에서 기쁨으로 떠나게 하셨다.

이 땅 위에 내 집이 없지만
나는 사랑의 벽돌을 하나씩 준비하리라.
내 거실이 초라하더라도
언제나 주님 머무실 의자를 기쁨으로 준비하리라.
그 의자 앞에서
새처럼 노래하며 종알종알 하루의 이야기를 들려드리리라.

(2010.09.10)

나 이제는

주님이 다 알고 계셨네.
내가 눈물 흘린 이유를
내가 뜨거운 눈물 흘린 그 곳
주님이 기억하고 계셨네.

주께서 다 보고 계셨네.
내가 걸어온 고단한 인생길
네가 흘린 그 눈물
내가 모두 아노라
주께서 나를 위로하셨네.

어두운 골목길
막막히 서 있을 때에

별빛보다 아름다운 달빛을 주시고
마음이 무너져
나 홀로 주저앉을 때
달빛보다 아름다운 햇빛을 주셨네.

나 이제 달려가네.
사슴처럼 달려가네.
주님 날 사랑하신 이야기
온 세상 전하리.

나 이제 노래하네.
내 모든 삶 노래하네.
어두운 우물가
생명의 시냇가 되리.

(2009.10.04)

백두산 천지에서

영하 40도, 50도가 되는 추위라고 하였습니다.
겨울 천지는 보기도 어렵고 바람이 거세면
올라가지 못한다고 하였습니다.
꼭두새벽에 일어나 출발해서 밤새 달려
백두산 입구 마을에 도착 했습니다.
그 추운 새벽에 자전거에 두부를 싣고
'따르릉, 따르릉' 종을 울리며 두부장수 아저씨가 지나갑니다.
어린 시절 보았던 풍경입니다.

강추위에 대한 두려움을 안고 도착한 백두산 입구.
10원짜리 털 장화를 빌려 신고
작년에 독일에서 들여온 눈치는 장갑차를 타고
우리 일행은 씩씩하게 백두산에 올랐습니다.

아!
백두산 천지에는 하나님께서 감쳐 두셨던
봄날 하루가 화사하게 펼쳐져 있었습니다.
겨울속의 봄이라니요, 두려움속의 감춰진 기쁨 같네요.
가이드는 우리가 날씨도 녹일 만큼 마음이 뜨거운
복이 많은 일행이라고 하였습니다.
천지에서 저는 하늘을 올려다보았습니다.
(제 기도소리 잘 들리시나요?)

하나님께서 웃고 계셨습니다. 봄날씨로 웃으셨습니다.
동네 뒷산도 벌벌 떨며 다니는 나를, 등산화도 없는 나를
털 장화를 신기고 장갑차를 태워서
천지에 오르게 하신 하나님.
내 인생에 가야할 길이라면
순종하고 가야겠다는 생각이 들었습니다.
하나님께서 모든 것을 예비해 놓으셨을 테니까요.
구속이 아닌 섭리 안에서 자유로워지는 이 놀라운 평안!
동양화 수묵화 풍경 같았던 장백 폭포 앞에서
그림속의 여인처럼 아름답게 순종하며 살고 싶습니다.

가슴이 벅차오릅니다.
추운 겨울을 지나야 봄을 맞이할 수 있음을 이제는 압니다.
왜 날 사랑하시냐고

목이 메어 끝까지 묻지 못했습니다.

연변과학기술대학교의 교수님들이 2박3일간 겨울 수련회를 하시는 동안, 사랑의 교회에서 차출된 7명의 교사들이 뜻을 모아 교수님의 자녀들을 위한 겨울 성경학교를 개최하였습니다.
성경학교를 마치고 수고 했다고 총장님께서 보내주신 보너스 여행이었습니다.
인생의 수고가 우리의 인생에 마땅한 일임에도
주님께서는 수고했다고 잘 참았다고
우리의 머리를 쓰다듬어 주십니다.

백두산의 흙도 천지의 물도 담아 오지 못 했지만
주님의 사랑을 소중히 마음에 담아 왔습니다.
봄날 같으신 나의 주님께
평생 천지처럼 깊고 맑게 기도하렵니다.

(2007.03.04)

그녀의 주소

　교회의 소그룹 기도모임에서 그녀를 처음 만났다. 작은 키에 단정한 모습. 안경 너머 눈이 침착하게 빛나고, 겉모습에서 느껴지는 친근함은 없었지만 기도모임을 거듭할수록 그녀의 성실함을 알 수 있었다. 모임이 끝나고 차를 마시며 대화하는 자리에 그녀는 참석하지 않고 서둘러 자리를 떴다. 과외지도가 있거나 자녀들이 아직 어리기 때문이라고 하였다.
　초등학생 남매를 키울 때부터 알기 시작해서 지금은 자녀들이 모두 대학생이니 우리의 사귐도 여느 자매 못지않다는 생각이 든다. 네다섯 명이 한 팀인 기도 모임은 성경공부 후 서로의 기도제목을 나누고 함께 기도하는 식으로 진행이 되었다. 우리는 이 기도모임을 다락방이라고 불렀는데 일주일에 한 번 모이는 이 다락방 모임을 모두들 좋아하였다. 개인적으로 서로 더 이야기하기 위하여 그녀를 따로 만나기도 하였는데 주로 그녀가 자녀교육이나 주택문제에 대하여 상담을 요청할 때였다. 나를 신앙의 선배로 존중하며 조심스럽게 마음을 털어 놓는 일이 나에게도 소중한 기쁨이 되었다. 그렇게 마음속에 그녀가 동생으로 자리 잡은 것 같다. 월세를 내는 집에서 비록 반 지하였지만 전세집으로 옮기게 되었을 때 그녀는 무척 기뻐하였다. 반지하에서 다시 지상으로, 그리고 몇 차례 더 집을 옮기는 과정에서 그녀가 얼마나 근검절약하는지 알기에 한편으로는 안타까워 보였다. 성큼성큼 오르는 보증금을 감당하기에 그녀의 저축은 늘 힘에 부치는 것이었다.

어느 해인가 한 번 보증금의 극히 일부를 빌려준 적이 있었다. 잠깐 망설임이 있었지만 워낙 성실한 그녀였기에 선뜻 빌려줄 수 있었던 것 같다. 약속대로 일 년 안에 그녀는 빌린 돈을 모두 갚았다. 그녀의 과외비는 매달 모두 나에게로 입금이 되었다.

겨울 방학을 축하하며 그녀의 아이들과 중국집에서 짜장면 파티를 하였다. 빌린 사람, 빌려준 사람 모두 기뻐하는 자리였다. 빚을 갚는 동안 단 한 번도 외식을 하지 않았다는 그녀의 말에 나는 마음이 먹먹해졌다. 그녀의 이 반듯하고 올곧은 성격이 그녀의 자녀들을 바르게 키워 낼 것이리라.

그녀의 주소가 바뀔 때마다 우리는 함께 걱정했고 함께 기도하였다. 서로의 주소가 멀리 떨어지면서 우리는 자주 볼 수 없게 되었지만 꾸준히 일 년에 한두 번이라도 만남을 이어갔다. 잔병치레로 몸이 약한 그녀에 대한 걱정과 반듯하게 자랐을 자녀들의 성장이 궁금하기 때문이었다. 그녀에게 책을 보내거나 기념일이 있을 때 소포를 보내러 우체국에 들린다. 그녀의 주소를 한 자 한

자 적어 내려가는 내 마음이 여전히 짠한 것은 그녀의 주소가 아파트 몇 동 몇 호가 아니라 아직도 다가구 주택 몇 층 몇 호이기 때문이다.

새로운 동네에서도 나는 여전히 기도모임을 운영했다. 그 곳에서 만나게 된 또 다른 그녀는 나보다 나이가 서너 살 위라 기꺼이 언니 대접을 해드린다. 수수한 모습과 밝은 성격의 그녀가 연장자로서 분위기도 잘 이끌어주고 알게 모르게 힘이 되어주기 때문이다. 명색이 내가 기도모임의 리더였지만 나는 그녀를 은근히 의지하고 있었다.

그런 그녀에게도 근심이 있었을까. 명랑한 모습 뒤에 감추어진 쓸쓸함이 언뜻언뜻 비쳤다. 우리는 같은 아파트에 살고 있어서 마트에서나 출근길에서 자주 볼 수가 있었다. 사적으로 만날 때는 따뜻한 언니였지만 기도모임에서는 나를 깍듯이 인도자로써 대우해 주었다.

부슬부슬 비가 내리던 늦은 밤, 학원에서 돌아오는 자녀를 마중하기 위하여 나가는 길에 아파트 뒤켠의 작은 공원 벤치에 앉아있는 그녀를 보았다. 선뜻 다가가려다 문득 그녀의 모습이 너무 낯설어 보였다. 아니, 세상에서 그렇게 슬퍼 보이는 중년 여자의 뒷모습은 처음이었다. 구부정한 어깨와 45도로 숙여진 고개를 하고 쏟아지는 비를 그대로 맞고 있었다. 비가 내린다는 것도 모르는 것 같았다. 오히려 그녀가 고개를 들고 나를 알아보고 민망해 할까봐 서둘러 공원을 빠져 나갔다. 늦은 밤에는 사람의 왕래가

뜸한 곳이었지만 그날 밤 우연히 그녀를 본 것이다. 부슬비가 내리는 밤이라 일부러 공원 앞으로 낭만을 느끼며 지나가려 했는데 말이다. 언니와 더 가까워지고 나서 듣게 된 그녀의 슬픔의 제목은 '남편의 오래된 외도'였다. 그리고 우연히 언니가 알게 된 어느 여자의 집 주소! 그 주소까지 몇 번을 찾아 갔다가 다시 되돌아 왔다는 쓸쓸한 이야기. 남편의 몸과 마음이 그 주소에 머무르고 있다는 참담한 이야기였다.

내가 무슨 이야기로 언니 같은 그녀를 위로해 줄 수 있을까. 나는 전에 동생 같은 그녀가 그랬듯이 잠자코 그녀의 이야기를 마음을 다해 들어줄 뿐이었다. 무슨 일이라도 끝이 있지 않겠냐고 악한 끝은 없어도 선한 끝은 있다는 할머니가 들려주신 이야기를 뜬금없이 언니에게 해주었다. 그때는 권위 있는 성경말씀보다 할머니께서 들려주신 따뜻한 이야기가 언니에게 더욱 필요한 것 같았다. 나는 그녀가 비밀스런 아픔에 관한 이야기를 나에게 들려준 것이 벅차기도 하고 또 도움이 못되어 늘 미안하였다. 함께 그 주소를 찾아가 드라마에서 본 것처럼 깨부수자고 할 수는 없지 않은가? 우리의 마음이 제 자리를 지키는 한 옳지 않은 것들도 반드시 옳게 되돌려 지리라 이야기를 나누었던 것 같다.

어느 해 가을, 언니 같은 그녀는 남편 없이 이사를 갔다. 자녀들과 함께 오빠가 있는 미국으로 떠난다는 이야기를 공항에서 담담하게 전화로 알려왔다. 나는 달려가서 언니의 결단에 박수를 쳐주고 싶었다.

나는 생각한다. 어느 여자의 주소는 성실과 땀으로 이루어진 빛나는 주소이고, 어느 여자의 주소는 웃음과 간교함으로 얻어진 수치의 주소라고. 아파트 몇 동 몇 호가 아니면 어떤가? 자녀들은 부모의 주소에서 부모의 인생을 배우는 것이다. 나는 가끔씩 그녀의 소탈한 모습이 보고 싶다. 늦은 밤 가끔씩 그녀가 앉아 있던 벤치에 앉아 그녀의 막막한 슬픔이 오래가지 않기를 기도한다. 그리고 누군가의 뜨거운 눈물위에 세워진 주소에서 그들은 과연 행복할까 궁금해 하기도 한다. 그녀의 이사가 외로웠던 그녀의 마음에서도 이사한 것이기를 바란다. 평소에 꿈꾸듯이 말했던 주말에 함께 자전거를 탈 수 있는 그런 사랑의 친구를 만났기를 기대해 본다.

나의 기도가 힘이 있어서 바다건너 멀리 날아갈 수 있다면
어느 날 잘 있다는 낯선 외국의 주소가 적힌
그녀의 편지를 받아 보고 싶다.
그녀의 명랑한 웃음소리도 함께 부쳐 동봉한
그녀의 자전거가 있는 새로운 주소를!

(2004.02.24)

바우가 떠나던 날

 아들 준영이가 중 1 때부터 졸라 중 3 때 바우를 데려왔으니, 나름대로 아들은 바우를 얻기 위한 산고(?)의 고통을 치른 것이다. 유달리 개를 싫어하는 나와 바우는 많은 우여곡절을 겪으며 한 가족이 되어 갔다. 강아지 때 나에게 자꾸 접근한다는 이유로 둘둘 말은 신문지로 세게, 아주 세게 (포르테시모로) 두 대를 얻어맞고 바우는 열이 펄펄 끓었다. 열이 나는 몸으로 아이들이 학교에서 올 때마다 벌벌 떨며 기어나가 주인을 맞이하는 충직스런 바우의 모습에 나는 미안해졌다. 그 대가로 바우는 심장에 쇼크가 와서 한 대에 만 오천 원이나 하는 주사를 두 대나 맞아야 했다. 결국 나는 삼 만원을 지출하고 아이들에게 마귀할멈이라는 별명을 얻었지만 그 사건이 주인을 향한 바우의 마음을 이해하는 첫 걸음이 되었다.
 토요일 오후엔 바우와 함께 아파트 뒤 숲길을 산책했다. 우리는 대화를 할 순 없지만 함께 걷는 것만으로 많은 이야기를 나눈다. 전기 청소기가 무서워 이리 뛰고 저리 뛰고 얼굴을 방석에 부벼 대던 겁쟁이 바우와 집 안 대청소를 하기도 하고 몇 번의 가출을 했을 때는 모든 가족이 전단지를 돌리며 동네를 애타게 돌아다니기도 했다. 미국 친척방문 때면 동물병원에 보름이나 바우를 맡기고 발 길이 떨어지지 않아 안타까웠으며 바우를 잃어버리고 자신은 밥이 넘어가지가 않는다는 딸의 말에 싱크대에 바짝 붙어서서 몰래 밥을 먹기도 했다.

어느 날 바우가 입에 침을 질질 흘리며 다리를 떨고 있었다. 바우를 안고 급하게 병원으로 달려갔더니 의사는 바우의 상태가 시시각각 위험하다며 12시까지 대기하라고 했다. 새벽 한 시에 집으로 돌아온 바우는 물 한 모금도 입에 넘기지 않았다. 밤새 그렇게 좋아하는 아들딸이 번갈아 안아 주어도 축 늘어져 끙끙대고 있었다.

개의 앓는 소리도 사람의 앓는 소리처럼 듣기에 고통스러웠다. 저대로 죽는다면 우리 자녀들의 슬픔이 얼마나 클 것인가 하는 생각이 들면서도 알러지와 천식에 시달려온 나로서는 마음 한 편으론 드디어 개와 헤어진다는 사실이 은근히 좋기도 하였다.

하지만 자녀들의 걱정을 생각하여 바우를 큰 병원으로 옮겼다. 피검사, 엑스레이 등 모든 검사 끝에 바우의 병명은 초콜릿 중독으로 밝혀졌다. 아들의 책상 위에 있던 초콜릿 쿠키를 먹었던 것이다. 바우의 병명이 밝혀지고 나의 무죄도 밝혀졌지만 자녀들은 슬픔에 점점 초췌해져갔다. 입원을 시켰지만 어떻게 살려야하나, 아이들의 슬픔은 또 어찌할꼬! 내 자녀들을 살리기 위해 바우를 살려야 했다. 그러나 의사는 초콜릿은 개에게 치명적이어서 희망이 없다며 마지막을 준비하라고 하였다. 태어나서 개의 병수발도 처음이었지만 그렇게 슬픈 우리 자녀들의 얼굴 또한 처음이었다. 어미로써 자녀에게 기쁨과 꽃향기만 주고 싶은데 저렇게 슬퍼하다니 나의 상상을 초월하는 일이었다. 엄마는 너를 위하여 뭐든지 해줄 수 있다고, 다른 건강한 애완견을 사주겠다고 위로했지만 딸은 고개를 절레절레 흔들며 이 세상 그 어떤 개도 바우를 대신 할 수 없다고 하였다. 자신이 데리고 온 바우가 자신의 실수로 생명을 잃게 된다는 사실에 괴로워하는 아들의 모습도 보기 힘들었다.

혼수상태에 빠져서 동공이 풀린 바우는 링겔을 맞으며 3일을 버티었다. 나는 날마다 학교에서 동물 병원으로 퇴근을 하였다. 딸에게 뭐라도 먹여야 하는데.... 마치 아이가 아픈 엄마처럼 딸은 음식을 입에 대지 않았다. 어찌 저리도 맹꽁이처럼 개 때문에 슬퍼할까. 개 때문에 음식을 안 먹고, 개 때문에 학교를 빠지는 것을 보며 은근히 부아가 끓어오르기도 하였지만, 내색도 못하고 딸의 슬픔 앞에서 눈치만 보며 속수무책이었다.

며칠 뒤, 바우가 위독하다고 병원에서 전화가 왔는데 누나를 어찌하면 좋으냐는 아들의 다급한 전화를 받고 나는 한걸음에 병원으로 달려갔다.

"성연아, 엄마야! 성연아, 엄마 왔어! 성연아 괜찮니?"

죽어가는 바우보다 깊은 슬픔에 젖어드는 딸이 더 걱정이 되었다. 솔직히 누가 더 위독한 건지 모를 지경이었다. 딸이 이토록 소중히 여기는 바우에게 좀 더 최선을 다하여 돌보아 줄 걸... 후회의 한 자락이 내 마음에 급하게 금을 긋고 지나갔다.

퇴근 후면 집 안을 어질러 놓는 바우 때문에 늘 힘들다는 생각만 하였다. 자녀들이 학원에서 늦게 귀가를 하니 바우의 산책이며 목욕은 내 담당이 되기 일쑤였다. 하지만 자녀들이 힘든 것보다 내가 힘든 시간이 훨씬 가벼웠다는 것을 깨달았다.

결국 안락사를 시키는 것이 바우에게 가장 최선이라는 의사의 의견에 딸은 힘겹게 동의하였다.

그 큰 병원에는 참 다양한 개들이 입원을 하여 그 와중에도 나를 웃게 했다. 주인 아들에게 야구 방망이로 맞아 눈이 터진 개, 꼬챙이에 귀를 찔린 개, 교통사고로 다리가 부러진 개, 부부싸움 끝에 던져져 온 몸에 타박상을 입은 개에다가 성형을 한 개와 화상을 입은 개도 누워 있었다. 상처투성이라 할지라도 나을 희망이 있는 그 개들이 딸은 부럽다고 하였다. 그 개판인 병원 응급실에서 우리 딸은 참담한 표정으로 마음 놓고 울지도 못하고 멍하니 서 있었다.

마지막 인사를 나누라는 의사의 말에 우리 모녀는 처치실로 들어갔다. 끝까지 지켜주지 못해서 미안하다며 딸은 의외로 담담히 바우를 쓰다듬어 주었다. 두 번의 가출 후에 집으로 돌아와 주어 고맙다고 속삭이며, 내 손에서 바우를 떠나보내 다행이라고 울먹였다.

 마취주사를 놓자 벌벌 경련을 일으키던 바우의 다리가 얌전히 포개졌다. 자신을 몹시 아껴주던 딸의 모습을 한 번이라도 더 보고 가려는 것처럼 동공이 풀린 눈을 희미하게 떴다 감았다. 나는 식은땀이 난 촉촉한 머리털을 가지런히 정돈해주었다. 이제 주사를 놓는다는 말에 딸은 조용히 밖으로 나가고 나는 그 자리를 지켰다. 주사를 맞은 바우의 얼굴은 편안해 보였다. 우리의 자녀들이 그렇게 쓰다듬던 예쁜 얼굴이었다. 의사는 바우의 몸을 하얀 천으로 잘 감싸주었다.

 '바우야, 그동안 언니오빠의 착한 동생으로 있어주어 고마웠어. 언니오빠의 기쁨이 되어 주어서 정말 고마웠단다. 너는 개의 본문을 다 하고 떠나가는구나. 퇴근 후에 빈 집을 함께 지키고, 토요일 오후에 나와 숲에서 산책해주는 것도 늘 바우였는데.

 모든 것의 마지막은 이리도 가슴이 저며 온다.

 3일간의 입원비는 검사비와 개 영양주사 및 사체 처리비까지 포함하여 예상보다 훨씬 짭짤하게 나왔다. 집으로 돌아오며 우리는 아무 말도 나누지 않았다.

 나는 우리 딸이 이제는 저녁을 먹었으면 좋겠다고 생각했다. 나는 원래부터 개가 싫었지만 아들의 집요한 요청에 바우를 키웠고 알러지와 천식으로 많은 고생을 해야 했으며 바우로 인해 집 안 일도 더 많이 해야 했지만 오로지 자녀들의 즐거움을 위하여 참아 왔다. 콩나물 값도 아끼는 내가 억울하게 많은 값을 치루며 바우를 보냈는데 내 마음을 위로해 주는 사람은 왜 없을까? 나는 무엇을 잘못했기에 이렇게 전전 긍긍하며 미안해하고 있는 것일까 싶으면서도 어떤 대가를 치러도 좋으니 우리 딸이 웃었으면 좋겠다는 바램이었다.

갑자기 하나님의 마음에 대해 묵상이 되었다. 본래 하나님과 분리되어 죄로 죽을 수밖에 없던 나를, 하나님은 아들을 생각하사 끝까지 구원하시려고 책임지신다. 예수님의 보혈로 덮지 않으면 볼 수 없는 시커먼 나의 죄를, 아들 예수님을 생각하사 나를 품어주셨구나, 자녀로 대접하여 주셨구나. 딸이 행복해진다면 다시 한 번 바우를 잘 키워보리라! 그러나 바우는 이미 차디찬 냉동고에 들어갔으니 어쩔 수 없는 일이었다.

눈물이 방울방울 떨어져 두 손으로 훔치는데 엄마의 수고를 알아준다는 듯 딸이 다가와 손을 잡아 주었다. 따뜻한 손이었다. 바우가 없는 집, 그 쓸쓸한 집으로 우리 모녀는 들어가야 했다.

바우의 물건들이 아직 정리 되지 않은 집으로.

생명이 있는 것에 정을 쏟은 일은
사랑하지 않았어도 이렇게 마음이 아픈 것이구나.

그 날 저녁 나는 TV를 켜지 않았다.

누가 내 이름을 불러 주세요

나의 핸드폰에 저장된 친구들의 이름은 참 다양하다. 그때그때 떠오르는 친구들의 이미지를 닉네임으로 표시해 놓았기 때문이다.

민숙이는 민들레. 금란이는 금잔디, 큰 올케 영옥씨는 옥구슬, 작은 올케는 보배, 다정한 친구 정숙이는 정든 임, 우아하고 품위 있는 백 권사는 백장미, 염창동에 사는 친구는 짠순이, 신실한 친구 덕순이는 떡, 똑똑한 친구 황 선생은 황 박사.

해맑은 웃음 짓는 친구는 들꽃, 은아 엄마는 은하수, 친구 일에 나서기 좋아하는 혜경이는 해결사, 농작물 가꾸기를 좋아하는 풀 한 포기에도 감사하는 우리 큰언니는 파꽃이다.

벨이 울리고 다정한 이름들이 뜨면 기분이 좋아 진다.

'어, 은하수가 흐르네, 음, 정든 임이 찾아왔네! 오! 웬 떡?' 하면서…….

올해 구정, 친정 가족모임이 있었다. 친정 엄마가 딸 셋 낳고 얻은 귀한 도련님 남동생의 핸드폰이 울렸을 때 모든 식구는 떼굴떼굴 구르며 박장대소하였다. 남매라 그 기질이 닮았을까. 동생의 핸드폰에 '닭똥집'이 뜨는 것이다. 치킨 집을 경영하는 친구의 별명이란다. 어묵 장사하는 동서는 오뎅, 꾼 돈 안 갚는 친구는 웬수, 잔소리 많은 장모는 꽹과리..

그러나 웃다가 보니 사랑하는 딸은 심장으로 표시되어 있고 자나 깨나 걱정하는 아들은 고혈압으로 저장해 놓은 것을 보고 동생의 자식사랑에 마음이 찡해 온다. 하여튼 동생 덕분에 우리는 한바탕 웃었다. 자신의 아내는 보물이라고 표시해 놓았으니 혹시 함께 사는 우리어머니를 고물이라고 표시해 놓았으면 어쩌나 은근히 걱정도 되었다.

김춘수 시인의 말대로 우리는 모두 누가 나의 이름을 불러 주기 원한다. 그리고 그에게 다가가서 잊혀 지지 않는 하나의 눈짓이 되고 싶어 한다. 나는 너에게, 너는 나에게 잊혀 지지 않는 이름이 되고 싶어 한다.

속상할 때 잠시 남편을 맹구라 불렀었지만 지금은 맹 집사라 부른다. 나는 이 호칭이 참 좋다. 이 이름을 얻기 위하여 얼마나 뜨거운 눈물을 많이 흘렸던가! 선교사로 나간 아들은 맹사도이다. 때론 두렵고 가슴을 쓸어내릴 때도 많았지만 그 아들이 주님의 진정한 사도가 되기를 가슴에 품고 기도하고 있다. 나의 며느리는 정금으로. 딸은 진주라 표시하고, 사위는 주찬양으로 저장해 놓았다. 결혼 초 늠름한 모습에 양 장군으로 표시했지만 결국 우리는 주님의 찬송을 위하여 지음 받은 존재가 아닌가? 딸 내외가 진실로 주님이 기뻐하시는 찬양사역자가 되기를 기도하는 마음이다. 내 동생이 진실로 참된 성도가 되기를 바라며 동생을 참성도로 표시해 놓았다. 갑자기 궁금해진다.

끝내 보여 주지 않았지만 동생의 핸드폰에 막내누나는 무엇으로 저장되어 있을까? 늘 뚱뚱하다고 살 빼라고 놀렸으니 조 뚱?이 아닐까 고개를 갸우뚱! 해 본다.

전에 가르쳤던 5학년 학생들은 뚱뚱한 담임선생님이 운동회 때 예상외로 잘 달려서 학급대항 계주에서 이긴 것을 보고 기분이 좋았나보다. 운동회 다음날 출근해 보니 교실 칠판에 '날으는 돈까스, 최고야! 사랑해요' 이렇게 멋진 별명을 붙여 주어 나를 즐겁게 했다.

날으는 돈까스! 얼마나 경쾌하고 좋은 별명인지 모른다. 차마 자기 담임선생님을 '날으는 돼지'라고는 할 수 없었던 애교까지도 마냥 귀엽다.

그러나 진짜 궁금한 것은 주님의 핸드폰에 뜨는 나의 이름이다.
다윗은 마음이 합한 자, 아브라함은 친구, 이삭은 순종, 모세는 온유한 자로 표시되어 있을 것이다. 솔로몬은 지혜 둥이, 에스더는 예쁜이, 마리아는 향유, 베드로는 충성, 요한은 사랑이라고 뜰 텐데 나의 이름은 무엇이라고 뜰까? 울보? 변덕쟁이? 낙심이? 이렇게 뜰까 부끄럽다. 우리 주님께서는 천국언어만 사용하실 것이라고 내 마음을 위로해 본다.

나의 이름의 기쁠 '열'자를 따서 '기쁨이'로 뜨면 좋겠다. 더욱 욕심을 낸다면 주님의 사랑을 전하는 '주님의 편지'라고 뜨면 정말 좋겠다.

나는 갑자기 주님께 어리광을 부리고 있다. '주님, 그렇게 불러 주세요, 네?' 주님의 편지, 이 얼마나 아름다운 말인가.

차~암, 우리 주님 핸드폰은 몇 번이신가?
모르는 분들께 알려 드릴게요.
0191—66-3927 입니다.
(영혼 구원! 성경 66권, 구약 39권 신약 27권!)
성경 속에 '영혼 구원'의 비밀이 들어 있답니다.
복음 통신사에 확인해 보세요.

She didn't say good bye

    2011년 그 해 여름은 무더웠다. 토론토에 살고 있는 첫 손녀딸의 백일잔치를 차려주기 위해 가방을 싸느라 분주한 나는 한껏 들떠 있어 더위를 몰랐지만. 토론토로 가기 전 LA에 사는 큰언니에게 들르는 일 또한 즐거웠다. 나이가 들어도 엄마 같은 큰언니가 있다는 사실은 가슴을 따뜻하게 한다.

    익숙한 보금자리에서 어디론가 떠나기 위해 가방을 싸는 일, 그것은 늘 나의 가슴을 설레게 한다. 혹시 다시 못 돌아올지도 모르는 내 방을 깨끗이 정리해 놓고 비행기를 타는 일은 또 얼마나 가슴 벅찬지. 비행기가 높이 떠오를 때 내 삶의 보금자리가 성냥갑만하게 보이며 큰 바위 같이 숨이 막혔던 문제들도 코딱지만큼 작아 보이는 현상이 나는 못 견디게 좋다.

    '그래, 아무것도 아니었구나. 저 작은 상자에서 심각하게 고민하며 사는 일. 모두 털어 버리고 오는 거야.' 여행은 나의 보금자리를 더욱 소중하게 느껴지게 하고 나의 문제들을 깃털처럼 가볍게 날려 버린다.

 같은 서울에 사는 작은언니를 보고 가려했는데 약속 장소에 나온 사람은 형부였다. 작은언니가 감기 몸살이 심해서 나올 수가 없다며 손녀딸의 백일 축하금을 전달해 주신다. 여름철 감기는 개도 안 걸리는데 작은언니는 뱀띠라 걸리나 보다고 나는 기분이 좋아서 농담을 한다. 작은언니는 예쁜 카드에 축하 글을 써 놓았다. 평소에 무심한 언니답지 않다. 큰언니네 손주들까지 일일이 카드에 직접 손 글씨로 메시지도 써주시고 축하금을 넣어주었다. '와~우! 우리 작은언니 역시 부자네.' 축하카드까지 챙겨 받은 나는 이래저래 신이 난다. 작년에 자궁암 수술을 받은 작은언니는 건강에 많은 주의를 하신다. 그래서 몸살감기라 못나왔구나. 형부는 간단히 차만 드시고 작은언니가 기다린다며 급히 집으로 돌아가신다. 형부의 퇴직 후 두 분이 알콩달콩 시간을 함께 보내는 것이 늘 부럽다.

 일 년에 한 번씩 방문하는 큰언니네 집이지만 갈 때마다 즐겁다. 아름답게 잘 성장하여 가정을 이루고 사는 조카딸들을 보는 일은 기쁜 일이다. 큰언니네 가족과 라스베이거스로 함께 여행을 떠난다. 이 즐거운 여행을 마친 후에 나는 토론토로 가서 손녀딸 백일잔치를 해줄 것이다. 손주가 있다는 것은 늙어도 자매가 있는 것만큼 감사한 일이다.

 서울에 몇 년 만에 큰 비가 많이 온다는 소식에 나는 하루에 한 번씩 장소를 이동할 때 마다 형부에게 전화를 한다. 언니는 괜찮으세요? 언니는 감기 좀 어때요? 병원 가서 치료 받고 있나요? 내 목소리는 걱정보다 여행의 즐거움으로 더 들떠있다. 형부는 아무 걱정 말고 즐겁게 여행하고 오라고 하신다. 전화선 너머의 형부의 목소리는 늘 그렇게 차분하시다.

라스베이거스에서의 첫 날! 쇼도 보고 게임도 어설프게 조금 해보았다. 조카 손주들 손을 잡고 산책도 하며 휴식의 시간을 즐겁게 보낸다. 어느 광고엔가 열심히 일한 당신 떠나라고 하지 않았던가?

잠자리에 들기 전 언니 목소리가 듣고 싶어 서울로 또 전화를 한다. 싱가포르에 있어야 할 조카딸이 전화를 받는다. 엄마의 병세가 위독해서 서울에 왔다는 것이다. 태국에 있는 동생도 들어왔단다. 아니 감기 몸살에 온 가족이 귀국하다니 무슨 일인가.

작은언니는 병원에 다닌 것이 아니라 늘 병원에 있었단다. 작년에 수술한 것 말고 올해 또 수술을 받았으며 여러 가지 병세가 겹쳤단다. 늘 상냥하게 전화를 받아 우리는 작은언니 건강의 심각성을 몰랐다. 큰언니는 마시던 찻잔을 떨어뜨렸다. 우리는 작은언니가 위독한 중에 여행을 한 것이다. 자궁암 수술이 잘 끝나고 회복되어 가는 중이라고만 알고 있었다. 여행 일정을 취소하고 우리는 LA로 급하게 되돌아갔다. 조카부부에게 미안했지만 작은언니와 함께 하지 못하는 미안함에는 견줄 수가 없다. 첫 손녀딸의 백일잔치를 차려주리라는 계획도 포기한다.

어떻게 그렇게 큰언니한테까지 병의 진행을 속일 수가 있는지.

언제나 큰언니가 전화하면 아무 일도 없다는 듯이 상냥하게 전화를 받았단다. 아들이 있는 태국으로 여행을 자주 갔었고, 불과 한 달 전에도 큰언니에게 아픈 데가 없냐며 언니 집에 한번 놀러 가고 싶다고 통화를 했단다. 나는 큰언니를 위로하랴, 작은언니를 걱정하랴 정신이 없다. 50대의 세 자매가 아름답게 늙어 가기만을 바랬었는데... LA로 돌아가는 중간 지점에 있는 맥도널드 햄버거 집에서 우리는 잠시 멈췄다. 아기들 젖도 먹이고 어른들도 무엇인가 요기를 해야 했다. 조카가 건넨 햄버거를 받아 들었다. 나는 큰언니의 눈치를 본다. 그렇게 허무한 큰언니의 얼굴 표정을 본적이 없다. 사랑한 것만큼 절망도 큰 것이다. 큰언니의 마음이 부들부들 떨고 있음이 느껴져 온다.

"위독하다니, 감기 몸살이라고 하지 않았니? 너는 서울에서 무엇을 한 거니?" 독백인지 대화인지 모를 말을 큰언니는 허공에 대고 계속 중얼 거렸다.

병원에 계신 어머니를 신경 쓰느라 학교에 출근하느라 작은언니의 병이 깊어진 것을 모르고 있었다. 하지만 깔끔한 성격의 작은언니는 동생인 나와 속마음을 털어놓는 경우가 별로 없었다. 주로 나의 이야기를 듣기만 하던 작은언니가 자궁암 수술을 받은 것도 언니가 다니던 병원에 친구 병문안 갔다가 우연히 알게 되었다. 그 곳에 언니가 있을 줄이야. 작은언니는 그렇게 자매에게라도 자신의 신상을 알리는 것을 싫어하는 성격이었다.

아무 일도 없을 것이다. 아무 일도 없어야 한다. 작은언니는 또 다시 여행을 다녀올 것이라고 상냥하게 말할 것이다. 소식 없어 놀랐냐고 깔깔깔 웃을지도 모른다. 병원에서 좀 치료 받은 것뿐이라고 평소에 건강관리 잘해왔다고 말할 지도 모른다. 국제회의 준비 때문에 바빠서 만날 수가 없었다고 아들네 집에서 쉬다 왔다고 그렇게 말했으면 좋겠다. 엄마 병문안에만 신경 쓰라고 그렇게 나에게 부탁해주면 좋겠다.

 자동차가 출발하려는데 전화가 왔다. 작은언니의 임종소식이다. 작은언니는 감기 몸살이 아닌 임종을 이미 일주일 동안 준비하고 있었고, 그 상태에서 틈틈이 축하 카드를 썼단다. 독한 계집애! 처음으로 큰언니의 입에서 욕이 나왔다.
 "아프다고 소리 쳐야지, 죽어 간다고 큰언니를 불러야지. 정말 갔다니? 전화 잘못 받은 것 아니니?" 어디까지가 독백이고 어디까지가 대화인지 나는 알 수가 없다. 혈압이 높은 언니가 쓰러질까봐 식구들은 전전긍긍했다. 세 자매 중 한 자매가 먼저 먼 길을 떠났다는 소식을 낯선 도시 햄버거집 앞에서 들었다.
 언제부터 큰언니와 작은언니 사이의 마음의 거리가 멀어졌던 것일까? 작은언니가 사회활동으로 바빠진 뒤부터인 것 같다. 많은 것을 함께 이야기 했지만 많은 것을 모르고 있었고, 전화선 너머로 함께 웃었지만 속 깊은 울음은 함께 나눌 수가 없는 자매가 되어 있었다.
 서울로 오는 비행기 안에서 큰언니는 작은언니를 용서할 수 없다고 하였다. 자매에게 피해를 주지 않으려고, 약한 모습 보이기 싫어서 깔끔한 성격에 그렇게 한 것 같다고 나는 큰언니를 어설프게 위로했다. 그렇게 갈 수는 없는 거라고, 기운이 다 빠져 나가는 상황에서 손주들한테 무슨 카드를 썼냐면서 아픈 사람이 죽어가면서 언니를 불러야지 남편 손만 잡으면 되냐고 한탄하는 큰언니의 말은 눈물과 범벅이 되어 그칠 줄을 몰랐다. 친정엄마보다 먼저 떠나는 것도 늘 상냥하게 웃은 것도 괘씸죄가 되어 큰언니의 마음을 짓눌렀다.

보이지 않는 작은언니의 아픔과 눈앞에 보이는 큰언니의 아픔 앞에서 나는 막막해졌다. 친정 엄마보다 더 큰 사랑을 동생들에게 쏟았던 큰언니의 사랑을 작은언니는 얼마큼 알고 갔을까?

죽음 앞에서 자매는 함께 할 수 없었던 걸까.

나는 작은언니가 대단하다고 생각했다. 자신의 꿈을 이루기 위하여 평생 노력한 일, 아픔을 자매에게 알리지 않은 일, 임종을 앞두고 틈틈이 카드를 쓴 일… 두 언니 사이의 마음의 거리가 생긴 이유를 정확히 알 수 없지만, 그렇게 예쁜 카드를 고르고 조카 손주들에게 한 자 한 자 써내려 갔는데 그것으로 작은언니를 용서해 줄 수는 없겠냐며 나는 큰언니의 눈치를 보아야 했다.

서울까지 13시간을 어떻게 날아 왔을까? 몸과 마음이 붕붕 떠다닌 것 같다.

입관이 끝났다고 전화를 받는다. 결국 작은언니의 마지막 모습도 목소리도 우리는 들을 수 없는 것이다. 우리는 누구에게 달려온 것일까? 많은 손님들 중 하나처럼 내일 발인에는 참석할 수 있을 것이다.

큰언니를 부축해서 차에 올랐다. 큰언니는 이렇게 손님처럼 서울에 오고 싶지 않았을 것이다. 작은언니의 손이라도 잡고 그 예쁜 얼굴을 쓰다듬어 주며 같이 울어주러 나오고 싶었을 것이다. 그 옛날에 자매끼리 그랬던 것처럼.

병원이 가까워지자 큰언니가 힘겹게 입을 열었다.

"우리한테 인사 안했어. 먼저 간다고 말하지 않았어. 그런 인사 못 들었으니까 내 동생, 내 동생, 아직 간 것 아니다. 떠난 것 아니다." 병원 문에 기대어 큰언니는 그렇게 한참을 울었다. 나는 흔들리는 큰언니의 손을 잡아 주었다. 작은언니의 손도 이렇게 잡아 줄 수 있었다면 얼마나 좋았을까? 언니 잘 가라고 천국에서 다시 만나자고 인사 할 수 있었다면 얼마나 좋을까?

나는 이다음에 큰언니에게 꼭 인사를 하고 떠나리라 다짐했다. 아프면 아프다고 말하고 함께 울리라. 엄마도 모르게 먼저 가지도 않을 것이다.

이제 병원 문을 열고 들어가야 한다.
오랫동안 아팠던 안녕이라고 인사를 하지 않고 떠난
어느 작고 예쁜 여자를 만나러!

(2014.07.31)

잘 가라 꼬마 화가 미순아!

미순이는 3학년 나의 학급에서 눈에 띄는 아이는 아니었다. 성적도 부족하고 숙제를 열심히 해오는 편도 아니었으며 수업시간에 씩씩하게 손을 들고 발표를 잘 하는 아이도 아니었다. 초라한 옷차림 탓이었을까? 친구가 별로 없던 미순이는 그림그리기를 좋아하는 아이었다. 학기 초 교내 미술대회에서 장려상을 한 번 받은 뒤로는 미술시간에 더욱 눈을 반짝였다. 어느 한 과목이라도 의욕을 보이는 것이 대견해서 나는 미술시간마다 미순이의 머리를 자주 쓰다듬어 주었다.

미순이의 가정 형편은 어려웠다. 일용직 노동자인 아버지와 파출부 일을 다니는 어머니, 그리고 5학년 언니가 있었다. 수업이 일찍 끝나는 날에도 복도나 운동장에서 언니를 기다리는 것으로 보아 미순이는 친구도 없고 외로움을 많이 타는 것 같았다. 그런 날엔 미순이에게 교실에서 숙제를 하거나 동화책을 보게 하면서 언니를 기다리게 했다. 그러다 작은 심부름이라도 시키면 내성적인 미순이는 부끄러워하면서도 상기된 표정을 지었다. 그렇게 해서라도 나는 미순이가 조금씩 자신감을 갖게 되기를 바랬다.

가정의 달 5월의 어느 날이었다. 미순이 어머니가 오셔서 미순이를 전학시킨다는 것이었다. 꼬마 친구와 조금씩 친해지고 있었는데 갑자기 전학이라니 그것도 부산이라는 서울에서 아주 먼 곳으로 말이다. 마음이 서운했다.
어떻게 그렇게 먼 곳으로 이사를 가게 되셨냐고 여쭈어 보았다. 어머니는 처음 본 담임 앞에서 울먹울먹 입술을 실룩거렸다. 어디서부터 말해야 좋을지 막막하고 억울해 보이는 표정이 마음에 걸렸다. 나는 커피포트에 물을 끓여서 따뜻한 차 한 잔을 권했다. 그녀가 이야기를 시작하기를 기다렸다. 때론 모든 이야기를 털어놓으면서 마음이 정리되고 편안해질 때가 있음을 나는 알고 있었다. 그것이 다음에 또 볼 수 없는 사람일 경우 어떤 면에서 수월하기도 하다. 입술을 지그시 깨물던 미순 엄마는 부산으로 이사를 가게 된 경위를 떠듬떠듬 털어놓기 시작했다.
건설현장에서 일하던 아버지가 사고를 당해 돌아가셨는데 안전모를 쓰지 않았다는 이유로 너무나도 부족한 액수의 보상금이 지급되었다. 한 가정의 아버지의 목숨 값이라고 하기에 너무 초라했다. 그러나 그 돈마저 시어머니와 시동생의 수중에 들어가고 시댁에선 그 모든 불행의 탓을 그녀에게 돌리고 있었다. 불행 앞에서 자신보다 약한 누군가를 원망하면 불행의 무게가 가벼워지는 것일까? 서로 손잡고 위로하며 함께 슬픔을 나누면 좋으련만.

미순 엄마의 불행은 거기에서 끝나지 않았다. 세 들어 사는 방의 보증금마저 시동생이 가져간 것이었다. 시어머니에게 달려가 호소했지만 딸자식만 낳았기에 우리 집안에서 책임져야할 이유는 없다며 돌려보냈다고 한다. 마음이 강퍅한 시어머니는 이미 죽은 큰 아들보다 살아있는 작은 아들과 한 편이 되어 당연히 그녀가 받아야 할 돈을 가로챈 것이다. 한 조각 양심이 남아 있었을까. 보증금의 절반인 300만원을 겨우 받아들고 두 딸들과 살아갈 방도를 찾고 있었는데 그때 마침 부산에서 음식점을 하는 언니로부터 연락이 온 것이다. 부산에 내려와 음식점 일을 도우면서 함께 살자고 큰 음식점은 아니지만 방도 하나 딸려 있으니 당분간 그 방에서 머물러도 좋다고 했다한다. 친정 부모님이 일찍 돌아가시고 엄마처럼 의지하며 살아온 친정언니가 그녀에게 남아 있었던 것이다.

이야기를 마친 미순 엄마의 얼굴은 눈물로 얼룩져 있었다. 차한 잔보다 더 많은 눈물을 연신 쏟아내고 있었다. 나는 무슨 말로 어떻게 위로를 해야 할지 막막해졌.

서울하늘 아래에는 참 많고 많은 사람들이 수많은 사연들을 갖고 살아가고 있구나. 지금 죽을 만큼 힘들다고 느끼는 이 시간들도 강물처럼 흘러가리라.

나는 미순이가 보기보다 참 영리하고 그림을 잘 그린다고 말을 꺼냈다. 그녀의 얼굴에 실 낱 같은 기쁨이 스쳐 지나갔다. 그리고 큰 불행을 당했지만 친정언니가 있는 것이 얼마나 감사한 일인지 또 자매가 엄마와 이모처럼 사이가 좋으니 이 또한 얼마나 감사한 일이냐고 말했다. 남들이 여행지로 찾아가는 바다가 있는 부산에서 살게 된 것도 얼마나 근사한 일이냐며 나는 내가 꺼낼 수 있는 모든 언어를 꺼내서 이 초라한 엄마를 마음껏 위로해 주고 싶었다.

그녀는 앞으로 살아갈 일이 막막해서 서럽게 울었지만 돈을 빼앗아간 시댁식구를 그렇게 원망하지는 않는 것 같았다. 시댁도 돈이 없다고 시동생도 장가를 가야하고 어머니도 아들 잃은 슬픔이 크셔서 그러시는 것 같다고 했다. 큰 슬픔 중에서도 강퍅하게 구는 시댁식구들을 이해하려 애쓰던 그녀는 그냥 이렇게 시댁 식구와 연이 끊어지는 것이 안타깝고 서글플 뿐이라 했다.

나는 미순이 엄마가 약해 보이지만 결코 약하지 않다고 생각이 들었다. 마음에 사랑과 용서가 있는 사람은 강한 사람이 아닐까. 그것은 앞으로 험난한 인생을 살아가는 데 귀한 자산이 되어 삶의 풍랑 앞에서 그녀와 두 딸을 굳건히 지켜주는 힘이 될 것 같았다.

나는 미순 어머니를 그냥 보내드릴 수가 없었다. 이웃 교실을 다니며 선생님들께 딱한 사정을 속사포같이 설명하며 조의금을 모아보자고 부탁하였다. 너무도 기가 막힌 이야기에 함께 마음 아파하던 선생님들은 지갑을 열어 기꺼이 조의금을 챙겨주셨다. 3만원, 5만원, 2만원... 마침 나에게도 그날 저녁 퇴근하면서 내려고 챙겨둔 아들의 학원비 15만원이 있었다. 아이들과 기차타고 갈 때 맛있는 것 사주시라고, 아버지 장례식 때 찾아뵙지 못해 죄송하다고 미순 어머니의 두 손에 쥐어드렸다. 그러다 엄마와 선생님의 작은 실랑이를 바라보던 미순이와 눈이 마주쳤다. 선생님 눈에 눈물이 그렁그렁 맺혀 있는 것을 보고 깜짝 놀라는 것 같았다.

 미순아, 이제 선생님 심부름은 누가 해주지?

 미순아, 미순이처럼 그림 잘 그리는 아이를 또 만나게 될까?

 미순아, 미순이는 엄마랑 언니랑 기차타고 부산으로 이사 가서 너무 좋겠네.

 나는 다시 못 볼 것 같은 꼬마 친구에게 너무 많은 말을 하고 있었다. 미순 엄마는 모든 불행이 자신의 책임인양 숨죽여 울고 있었다.

 미순이는 자신의 물건을 쇼핑백에 담았다. 나도 스케치북 서너 권을 넣어주면서 그림을 열심히 그리라고 하였다. 선생님이 미순에게 잘 도착했는지 편지를 보내면 그 주소로 나중에 그림 한 장 그려서 보내 달라는 부탁과 함께. 푸른 바다를 그린 그림이면 더욱 좋겠다며 말끝을 흐렸다.

 배웅하고 들어오는 길에 교실 게시판에 붙은 미순이의 그림이 눈에 들어왔다. 학기 초에 그린 <정다운 우리 가족>이었다. 뛰어가서 그 그림을 줄까 하다가 그냥 내가 간직하기로 했다. 언젠가 미순이가 정말 유명한 화가가 될지도 모르니까 말이다.

 그림 속에서 까만 턱수염의 미순 아버지와 뽀글뽀글 머리를 한 미순 엄마, 이마를 맞댄 두 자매가 환하게 웃고 있었다. 정말로 정다운 가족이었구나! 저 아버지의 빈자리가 생각나서 앞으로 세 모녀는 얼마나 울게 될까.

"잘 가라 나의 꼬마 화가 제자 미순아!
외로울 때, 슬플 때는 그림을 그리렴!
푸른 바다처럼 넓은 마음을 가진 아이로 잘 자라다오"

짧은 기간 가르친 아이였지만,
하얀 도화지를 보면 어린 제자 미순이가 가끔 생각이 난다.

(1994.05)

아름다운 초대

2020년 1월 미국 딸네 집을 방문하였다. 그런데 원래 한두 달만 머물다가 오려고 한 계획에 차질이 생겼다. 한국에 코로나19가 심하니 들어오는 일정을 연기하라는 남편의 당부였다. 평소에 천식을 앓고 있는 아내를 걱정하는 마음이었다. 마침 사위도 한국 일정 상 3월 초가 지나야 미국에 들어올 수 있다고 하니 할머니와 엄마와 손녀딸, 3대의 모녀끼리 좀 더 지내보기로 한다.

미국도 코로나19가 확산되던 추세이기에 딸은 조심스러워 손녀의 어린이집 등원을 미룬다. 꼼짝없이 집에서만 머물게 되니 할머니가 어떻게 놀아줘야 하나 할미학교도 새로운 프로그램 계발에 신경을 쓰게 된다. 미국에서도 사회적 거리두기가 본격적으로 시작되어 친척이라 할지라도 방문을 삼가고 회사출근과 사회적 모임들을 자제하라는 '스테이 앳 홈 오더(stay at home order)'가 공표되었다.

마트에서는 간격에 맞춰 줄을 서 있다가 제한된 인원까지만 입장하여 장을 보고 산책을 할 때면 환하게 웃으며 인사와 담소를 나누던 사람들이 조심스레 서로를 피해 다닌다. 모르는 사람들이었지만 함께 식당에 들어가서 식사를 할 수 있었던 시간들이 그리워진다.

날마다 마당에 놀러오는 다람쥐 가족을 기다리는 것은 손녀딸과 나의 즐거움이다. 다람쥐 가족들은 우리가 밥을 주는 것을 알고 하루에 두세 번 찾아왔다. 처음엔 혼자 오더니 일주일쯤 지나자 새끼들도 데리고 왔다. 주로 땅콩이나 호두 등을 놓아두는데 조르르 달려와 맛있게 까먹고 고맙다는 인사도 없이 후다닥 사라져 버린다. 어느 때는 밖에 앉아서 유리창 안에 있는 우리를 빤히 쳐다보기도 하니 동물과 사람의 입장이 바뀐 듯하다.

동물을 좋아하는 딸은 다람쥐 가족의 이름을 예쁘게 지어 주었다. '다람이, 다조아, 다예뻐, 다와라' 내가 보기에는 그 놈이 그 놈 같은데 우리 손녀딸은 정확히 구별을 하고 있으니 어린이의 눈은 더 맑고 세심한 것 같다. 동물에 별 관심이 없는 나는 다람쥐가 정규적으로 집에 오는 것도 은근히 걱정이 되어 '다시러, 다나가, 다가라, 다별로'라고 나만의 이름을 지어준다.

회사 업무도 출근이 줄고 재택 근무로 전환되다 보니 그 어느 때보다도 가족끼리 함께 시간을 보내게 되는 일이 많게 되었다. 하루 일과 중 중요한 시간이 된 산책 때면 가족끼리 함께 다니는 모습이 종종 눈에 띈다. 온가족이 자전거를 타는 모습, 아버지와 아들이 함께 농구를 하는 모습 등은 보기에 참 좋았다. 코로나19는 그동안 바빴던 아버지들의 발걸음을 가정에 묶어두어 자녀들에게는 다시없는 기쁨의 시간을 마련해 주니 가족의 소중함이 회복되는 시간이기도 하다. 하지만 형제가 없는 손녀딸은 더욱 심심할 수밖에 없었다. 식구가 많은 가족들을 바라보며 어린 마음이 상대적으로 더 외로웠으리라. 할미랑 다람쥐랑 귀뚜라미하고만 놀 수는 없었기에 우리 손녀딸은 친구들과 놀고 싶어 밖에서 아이들의 목소리가 들리면 두 귀를 토끼처럼 쫑긋 세웠다.

가족모임이 있을 때, 조카딸의 딸들이 손녀딸을 동생처럼 잘 데리고 놀던 기억이 났다. 어느 날 조카딸에게 전화를 했더니 걱정 말고 놀러 오라고 흔쾌히 대답을 한다. 눈물이 핑 돌만큼 고마웠던 것은 무슨 까닭일까? 뒷마당이 넓은 집은 나무와 꽃들로 아름답게 꾸며져 나는 그 곳을 조카딸의 이름을 붙여서 '샤론의 뜨락'이라고 부른다. 언니들과 땀을 뻘뻘 흘리며 손녀딸이 뛰어 노는 모습을 보며 아이들은 아이들끼리 어울릴 때가 행복하다는 것을 다시 한 번 느꼈다. 할미가 줄 수 없는 또 다른 색깔의 행복이다. 그 이후에도 일주일에 한 번씩 샤론이모네 놀러 가는 것이 손녀딸의 즐거운 봄나들이가 되었다. 그 봄나들이를 잊을 수 없다. 나무와 꽃들에게도 초대 받은 듯 꽃들도 방긋방긋 웃으며 나무들도 두 손을 흔들며 우리 손녀딸을 환영해 주었으니까.

온라인 수업으로 대체하여 학생들이 가정에서 수업을 받고 있는 지금의 상황이 해결되어 아이들이 다시 학교를 다니며 친구들과 어울리는 그런 날이 빨리 오기를 기다려 본다.

　샤론의 뜨락에 초대받기 전의 일이다. 딸 내외가 다니는 교회의 담임 목사님이 우리 가족을 초대해 주셨다. 평소에도 그 말씀에 깊은 은혜를 받고 늘 감사한 마음이었는데 사위의 출국을 앞두고 잘 다녀오라고 힘 내라고 초대해 주신 것이다. 그 따뜻한 마음에 우리 가족의 마음이 더욱 기뻤던 것은 서로서로 만나기를 조심스럽게 피하고 있었던 추세였기 때문인가 보다. 가족이나 이웃이 한 상에 둘러앉아서 먹고 마시는 일이 당연한 것인 줄 알았는데 그러한 시간들도 주님께서 허락하셔야 가질 수 있는 기쁨의 시간이었다.

　목사님이라 그러신가? 사위와 동갑이신데도 나는 목사님께 아비의 마음을 느낀다. 비록 온라인 매체를 통하여 예배를 드리지만 화면 속에서도 한 마디 한 마디 사랑이 느껴지는 것은 우리에게 영혼의 언어가 있기 때문인가 보다. 세상 풍파에 성도의 가정이 흔들릴까봐 성도의 마음이 무너질까봐 염려해주시는 목사님의 사랑이 전파를 통해서도 느껴진다.

　목사님께서 우리를 초대해 주신 것은 먼 길 떠나는 자녀에게 따뜻한 밥 한끼 먹이고 싶었던 아비의 마음에서 비롯된 것이리라. 또한 샤론의 뜨락에서 초대는 우리가 서로 사랑하며 함께 할때 어려움도 이겨낼 수 있는 새 힘이 솟아남을 알게 되었다.

　남편과 아빠의 빈자리가 크게만 느껴지던 어느 날 사위가 한국에서 돌아왔다. 다람쥐 가족이 지켜보던 식구 중에 한 명이 더 늘

었다며 자기들끼리 소식을 전했을지도 모를 일이다. 늦은 밤 귀뚜라미들도 주인이 돌아왔다고 더욱 정성껏 노래하였다.

한 포스터의 문구가 생각난다.

"사람은 자연보호, 자연은 사람보호"

우리는 서로서로 기대고 사는 것이다. 아침저녁 산책을 할 때 만나는 거리의 나무들도 친구처럼 정답다. 늘 그 자리에서 언제나 변함없이 나를 맞이하고 기다려 준다. 앞으로 더 힘들고 지치고 외로운 시간들이 다시 또 찾아온다면, 나는 그 때 받았던 아름다운 초대장을 다시 꺼내어 보리라.

바구미 대란

이것은 대란! 한밤중에 전쟁을 선포한다.

    건강식으로 생각하며 사서 보관해 놓았던 현미쌀에서 바구미가 나왔다. 보리쌀에서도 더욱 많은 바구미가 출몰하여 쌀을 씻는 바가지에 둥둥 떠오른다. 한 마리 두 마리 건져내어 손톱으로 톡톡 죽이다가 결판을 내려고 식탁 위에 신문지를 깔고 보리쌀통을 쏟았다. 보리쌀을 그냥 통째로 버릴까 하는 생각이 잠깐 스쳐갔지만 농부들의 땀을 생각하니 곡식이 아깝다. 나이가 들고 철이 들어 가나보다.
    무더운 한여름 밤, 잠도 안 오고해서 나는 바구미 소탕 작전을 벌이기로 한다. 허나 쬐끄만 바구미라고 얕본 게 큰 잘못이었다. 신문지 동서남북 사방으로 바구미가 기어 나가기 시작한다. 휴지를 가지러 나간 사이에도 집단으로 탈출을 감행하고 있다. 오른손 손톱만으로 죽이기가 버거워 진다. 무기를 바꿔야 한다. 벌써 어떤 놈들은 신문지 밖으로, 식탁 아래로 기어 나가기 시작한다. 벽을 타고 오르는 등산가 바구미도 눈에 띈다. 식탁의자 위와 거실 바닥에도 기어 다닌다.

  나는 정신없이 엉덩이를 들썩이며 두루마리 휴지를 굴려가며 바구미를 죽이기 시작한다. 내게 불리한 싸움이다. 바구미 수가 압도적이다. 인해 전술이 아닌 바구미바다 전술이다. 도중에 멈출 수도 없는 지금, 대장 바구미라도 잡아 담판을 짓고 싶다. 보리쌀 한 되를 줄 테니 너의 식구들을 끌고 나가라고 휴전을 선포하고 싶어진다. 2층에서 내려온 딸이 기겁을 하며 청소기를 갖고 오지만, 나는 한밤중이니 청소기를 쓰지 말라고 야단한다. 이 많은 바구미들을 어떻게 상대할 거냐며 딸은 청소기를 '윙윙' 돌린다. 예민한 남편이 깰까봐 나는 안절부절이었지만 작고 새까만 바구미들은 식탁 밑, 식탁 위 할 거 없이 모처럼 만난 넓은 공간을 신나게 돌아다닌다. 작은 점만 한 새끼 바구미도 있고 제법 앞부분이 집게처럼 발달한 큰 바구미도 있다. 보리쌀 속에 콕 박힌 채 나오지 않는 비겁한 바구미도 있었다.

  괜히 보리쌀을 건드렸나 보다. 아깝다고 버리지 못했음도 후회한다. 이렇게 바구미에게 몸과 마음을 다 내준 보리쌀이라면 이미 나를 떠난 것임을 왜 몰랐을까. 보리밥을 자주 해 먹지 않았음도 후회한다. 보리쌀이 많을 때 친구와 나눠 먹지 않았음도 후회한다. 내게서 마음이 떠난 보리쌀을 버리지 못하는 못난 내 자신도 후회한다. 조그만 바구미 앞에서 대체 몇 가지를 후회하는 것인가. 바구미 신부에게 고해성사를 하는 신자 같다.

얼추 바구미 소탕작전이 끝난 것은 새벽 3시가 되어서였다.

11시부터 시작한 싸움! 응원군이 왔고 청소기도 사용했지만 나의 몸은 땀으로 뒤범벅이 되었고 심지어 온 몸에 바구미가 기어 다니는 것 같다는 공포에 휩싸인다. 친구의 원수를 갚으려는 듯 감히 내 손등으로 기어 오르는 맹랑한 바구미도 있었다. 그 놈은 바구미 나라의 영웅으로 기억될 것이다.

샤워를 하고 나왔지만 나는 잠을 쉬이 못 이루고 휴~ 가슴을 쓸어내린다. 한밤중에 난리를 치뤘다. 내 잘못으로 사랑하는 딸도 힘들게 했구나.

인생을 살면서 작은 불만, 불신, 짜증들에게 쉽게 마음을 내주고 괜찮겠지 지나갔던 시간들이 후회가 된다. 부부생활에도 잘못이 있을 때는 즉시 바로 잡아야 했다. 사랑도 이 다음이 아니라 바로 즉시 실시해야 된다.

묵인하고 덮어 주었던 사실들이 새까맣게 내 마음을 좀먹고 걷잡을 수 없이 나를 공격하고 우리의 사랑을 침범함을 느낀다. 사랑도 마음도 평소에 잘 관리하고 나눠야 함을 뒤늦게 깨닫는다. 좀 비싼 현미쌀이든 값싼 보리쌀이든 애초에 내게 올 때는 싱싱한 곡식이었는데 나의 관리 소홀과 방치로 그렇게 벌레 먹은 곡식이 된 것이다. 내게 주어진 삶도 마찬가지 아닐까. 바구미가 무더운 한여름 밤에 내게 가르쳐준 교훈이다.

다시 한 번 내 마지막 남은 삶을 위하여 최선의 땀을 흘리리라 다짐한다. 바구미 같은 짜증, 불만, 미움이 생기면 몇 번이나 물로 씻고 또 씻으리라. 나의 삶의 울타리에 '바구미 절대 사절' 팻말을 든든하게 세워 놓고 지켜나가리라.

주님! 물로 씻겨 주시든지 불로 태워 주시든지
이 죄인을 주님의 보혈로 깨끗이 하옵소서.
원하시면 주홍빛 같이 붉은 죄도
흰 눈보다 더 정결하게 하실 수 있나이다.
가을밤에는 한밤중에 좁쌀만 한 바구미들과
다시는 싸우지 않게 하소서.

바구미 대첩의 승자는 과연 누구일까?

언니의 첼로

　미국으로 이민간지 사십 년이 되는 우리 큰언니의 삶 속으로 나는 일 년에 한 번씩 여행을 떠난다. 그 설렘으로 내가 일 년을 살아냈다고 말할 수도 있다. 이민 생활, 힘들고 바쁜 가운데 동생에게 보내주었던 편지가 한 상자를 넘는다.
　그 시절엔 미국으로 떠난 언니의 푸른 꿈처럼 파란 항공 엽서를 썼었다. 몸은 떠나 있어도 늘 친정 식구들을 챙기고 걱정했던 언니의 마음을 나는 이사 때마다 소중한 짐으로 먼저 챙겨 놓는다. 셋째 딸을 출산한 뒤 딸만 낳았다고 시댁에서 구박을 받은 큰 며느리였지만 이제는 늠름한 세 사위가 아들같이 울타리를 두르고 있는 언니의 가정을 바라보면 휘파람이 불고 싶어진다. 세 조카딸 가족은 어버이날이면 합창단처럼 색깔 맞춰 옷을 입고 언니가 다니는 교회에 와서 함께 예배를 드리면서 언니와 형부를 가슴 벅차도록 웃게 한다. 가족이 모이기 힘든 바쁜 이민 생활 가운데 바라보는 다른 사람들도 즐겁게 한다. 언니의 가족사진은 그렇게 한 장씩 차곡차곡 늘어 간다.

고단하고 힘든 생활 가운데서도 언니는 세 딸들에게 악기를 하나씩 가르치셨다. 세 딸에게 음악이란 세계를 물려줌을 통해 딸들의 삶이 풍요롭기를 바랬던 언니의 간절한 소망일 것이다. 세 딸에게 레슨을 시켜주기 위하여 언니는 '리쿼 스토어'(Liquor store)에서 온종일 다람쥐처럼, 때론 미련한 곰처럼 맴돌았을 것이다.

큰언니의 큰 딸 수잔도 딸에게 첼로를 가르친다. 어느 날 비싼 첼로를 대여하기 위하여 역사와 전통을 자랑하는 악기점을 소개받고 먼 거리를 달려갔다고 한다. 딸에게 좋은 악기를 대여해주고 싶은 어미의 마음에 그 길은 그리 먼 길이 아니었을 것이다. 악기를 빌리며 수잔은 싸인을 하고 신용 카드를 제시한다. 동양인 여자가 와서 빌리는 값비싼 악기를 빌렸기 때문이었을까. 젊은 주인은 수잔의 싸인을 보며 고개를 갸우뚱 한다. 오랜 전 자신의 아버지가 이야기했던 동양 여자의 특이한 성 'HUR'를 기억한다는 것이다. 그 아들은 친절하게도 옛날 장부까지 갖고 나와 그녀의 싸인을 확인시켜 주었다. H. U. R. 허! 미국에 와서 새로 갖게 된 큰언니의 성 'HUR'이다. 언니는 큰딸 수잔에게는 풀룻, 작은 딸 샤론에게는 첼로를 가르치셨는데 그 때 큰 언니도 이 악기점을 소개받고 먼 길을 달려온 것이었다. 그것도 25년 전에!

네비게이션도 없이 서툰 영어로 엄마가 이 먼 길을 물어물어 달려온 것을 생각하며 수잔의 마음은 무너져 내렸다고 한다. 좋은 자동차를 타고 다니며 영어에 막힘이 없이 살고 있는 자신들의 힘들다는 말이 얼마나 사치인지 그 사치품을 잠시 내려놓고 수잔은 돌아오는 길에 그렇게 울었다고 한다. 낯선 나라에서 가게를 운영하느라고 힘드셨을 텐데 딸들을 위해 이렇게 헌신했다니 언니의 음악교육에 대한 열정이 새삼 놀랍다.

어느 부모나 자녀를 위해 마음과 물질을 쏟아 붓는다. 그것이 자신이 이루지 못 한 꿈 때문인지 자녀들의 행복을 위한 것인지 모르지만 언니의 첼로 이야기는 아름답고 슬픈 음악을 들은 것처럼 언제나 마음을 촉촉이 적신다. 언니의 세 딸들 중 플룻, 첼로, 피아노 연주가로 성공한 사람은 없지만 세 딸들도 엄마처럼 자신의 자녀들에게 악기를 가르치며 풍요롭게 살아가고 있다.

자녀들을 키우고 여섯 명의 손주까지 돌봐준 언니! 언제나 뒤에서 묵묵히 버팀목이 되어준 형부가 계시기에 가능한 일이다. 자녀들에게 짐이 되지 않고 힘이 되어 주고 싶다는 언니의 마음도 본받고 싶다. 사회적으로 이름을 날리는 성공한 인생이나 엄청난 부자가 아니더라도 삶의 자리에서 최선을 다하며 아내의 자리, 엄마의 자리, 할미의 자리를 성실하게 지키고 있는 언니. 그것이 아름다운 성공의 삶이 아닐까.

노년이 되어 이제 시간의 여유가 생긴 언니는 틈틈이 언니의 텃밭에서 시간을 보낸다. 손길이 가는대로 열매를 맺혀 주는 오이, 호박, 가지를 사랑하며 음식물 쓰레기 하나도 함부로 버리지 않고 모두 말려 거름으로 쓰는 언니! 가을이면 감이며 대추며 무화

과며 열매에 감사해하며 이웃과 정답게 나누어 먹는 언니, 나의 큰언니이다. 세 딸과 사위, 여섯 명의 손주들로 인하여 언니의 식탁은 늘 분주하다. 성탄절이면 한국에서 날아오는 동생 가족까지 합칠 때도 있다.

  그 때 우리는 감사한다
  한 가족이 한 상에 둘러 앉아 먹고 마심을!
  그 때 우리는 찬송한다
  이민 생활 지켜주신 하나님의 은혜를!
  그때 우리는 기도한다
  눈물을 흘린 그 곳에서도 꿈꾸게 하셨음을!
  이 세상 어떤 음악보다 아름다운
  손주들의 명랑한 웃음소리가
  온 집안에 음악처럼 흐른다.

  그 때 나는 분명히 들은 것 같다.
  평생 한 번도 활을 잡아 본 적이 없지만
  언니가 연주하는 감사의 노래를!
  언니의 악기, 첼로가 연주하는 감사의 노래를!

수금으로 여호와를 찬양하라 수금과 음성으로 친양할 지어다
(시편 98:5)

팔로미나의 기적

1. 그 여자

그 여자, 팔로미나!

강제로 헤어진 세 살짜리 아들을 평생 마음에 품고 살아가는 여자이다. 그 당시 아일랜드의 사회적 배경과 문화적 편견 아래 미혼모의 처절한 울음은 가을의 낙엽처럼 힘없는 몸짓이었다. 경제적 능력이 없었기에 아들과의 생존을 위하여 수녀원에 들어가 하루 12시간의 힘든 노동을 견디며 삶을 의탁한다. 외형적으로는 미혼모들과 어린 자녀들을 돌봐주는 성스러운 수녀원이지만 내적으로는 모성을 인질로 하여 약자들에게 고된 노동을 착취하는 곳이다. 수녀들은 하나님 앞에 평생 순결을 서원한 자신들과는 달리 육체의 쾌락을 위하여 방종하게 몸을 던진 타락한 여인들을 끊임없이 정죄하며 그들에게 철저한 속죄의 길을 걸어갈 것을 요구한다.

그 여자. 한 남자를 사랑했지만 버림받은 여자이다. 그래도 생명은 지키고 싶어서 수도원에 들어갔지만 난산으로 끔찍한 고통을 겪는다. 원장수녀는 고통으로 속죄하라며 끝내 의사를 부르지 않는다.

팔로미나의 첫 번째 기적이었을까! 생명의 종소리 같은 아기의 힘찬 울음소리가 세 평짜리 수술 방에 울려 퍼진다. 빨래나 청소, 장작 패기 등 고된 노동에 시달리는 서글픈 어미들이 아기를 볼 수 있는 시간은 하루에 단 30분이다. 그 짧은 시간을 얻기 위하여 어미들은 기꺼이 노동을 견디어 낸다. 탁아방으로 달려오는 그녀의 초조한 발걸음이 애처로워 보였을까. 한 수녀가 아들의 작은 사진 한 장을 건네준다. 기쁨도 잠시, 아들은 여자아이를 입양하러 온 미국인 부부에게 함께 입양이 된다. 그 여자아이와 친하게 놀던 아들이 막무가내로 따라 나섰기 때문이다. 목 놓아 울며 사랑하는 아들의 이름을 부르며 달려갔지만 커다란 유리문이 그녀를 가로막는다. 투명하지만 결코 뚫리지 않는 차갑게 그녀를 밀어내는 수녀들의 마음처럼.

2. 평생

아들을 생각하는 일로 평생을 보낸 여자의 마음속에서 아들은 소년으로 청년으로 씩씩하게 자라가고 있다. 50년 만에 알게 된 엄마의 기막힌 비밀을 듣고 그녀의 딸은 엄마에게 아들을 찾아보자고 독려한다. 엄마가 버린 것이 아니라 떠나보낼 수밖에 없었던 당시의 상황을 아들에게 말하고 용서를 구하고 싶어하는 엄마의 마음을 바라보며 모녀의 마음이 사랑의 꼭짓점으로 만난 것일까. 딸이 일하는 까페에 어느 날 한 기자가 동료들과 송별회를 하기 위하여 찾아온다. 본의 아닌 실수로 방송을 그만두게 되었지만 멋진 복귀를 꿈꾸고 있는 그는 전직 유명 방송기자 마틴이다. 역사 소설이나 쓰며 강제로 주어진 휴가기간을 보내려 하는 마틴에게 딸이 다가가 아들을 강제로 빼앗기고 평생 그리움 속에 살아온 엄마의 이야기를 취재해달라고 부탁한다. 지금 사회에도 흔한 미혼모의 이야기인데다가 개인의 지지부진한 인생사에는 관심이 없다며 마틴은 단칼에 거절한다. 그러나 마틴의 복귀를 기다리는 방송 상사의 생각은 달랐다. 캄캄한 밤일수록 별이 반짝이듯이 어쩌면 사람들이 순수한 눈물과 감동을 그리워하고 있는지도 모른다며 그를 설득한다.

3. 여행

그 여자와 마틴의 여행이 시작된다. 어쩌면 이 여자의 이야기가 별이 되어 자신의 앞날을 다시 한 번 멋지게 비춰 주리라는 실낱같은 기대를 하며 마틴은 핸들을 잡는다. 여자는 들뜬 마음으로 장바구니에 담긴 생활용품 같은 수다를 늘어놓는다.
 마틴은 문제를 어떻게 풀어 가야하나 머릿속이 복잡하지만 여자는 옆자리에서 자신이 읽고 있는 책 '물레방앗간 아가씨' 이야기를 지루하게 쏟아낸다. 마틴은 싸구려 분내같은 그녀의 수다를 부담스러워하지만 자신의 기도가 어쩌면 이루어질지도 모른다는 기대감에 여자의 톤이 자꾸만 높아진다.

  아일랜드 북쪽 끝에 자리 잡은 수녀원은 고즈넉한 모습 그대로 변한 것이 없다. 갈 곳 없는 모자를 받아주었지만, 그들을 강제로 헤어지게 한 곳. 그 날의 진실을 찾기 위하여 마틴과 그 여자는 하얀 유리문을 열고 들어간다. 한 번도 죄 많은 어미를 찾지 않았던 그 아들과 화해할 기회를 얻고 이 문을 다시 나올 수 있을까, 여자는 생각한다. 수녀원을 수차례 방문했던 그녀와는 달리 아들은 한 번도 수녀원을 찾아 온 적이 없다고 한다. 아들에게는 어린 자식을 포기한 어미의 이름이 어쩌면 기억하기 싫은 아픈 이름인지도 모른다. 그 부끄러움의 종착역을 그 여자는 평생 벗어나지 못하고 있다.

  실망한 그 여자와 수녀원을 나서는 길에 마틴은 동료로부터 엄청난 정보를 얻게 된다. 입양되던 해의 비행기 탑승 기록을 통하여 아들의 미국 주소를 찾아냈다는 것이다. 마틴은 급히 미국으로 가는 비행길에 오른다. 어쩌면 이 사건 뒤에 수녀원의 검은 뒷모습이 숨겨 있을지도 모른다는 기자의 촉각을 곤두세우며.

  4. 그 아들

  좋은 양부모를 만나 훌륭한 교육을 받으며 잘 자란 아들은 이미 세상을 떠난 뒤였다. 아들이 좋은 가정에 입양된 것은 너무도 감사한 일이지만 높은 자리에까지 오르며 안정된 생활을 누리던 아들은 왜 한 번도 엄마를 찾지 않았을까? 용서받고 이해받고 싶었던 그 여자의 평생의 기도는 가을의 가랑잎같이 수도원의 숲에 떨어진 것일까? 마틴은 대어를 낚을지도 모른다는 생각에 가슴이 뛴다.

레이건 정부의 법적 자문관까지 지냈던 아들은 동성애를 반대하는 정부로부터 퇴출을 당한다. 성공적인 입지보다 사랑을 택한 아들의 어리석은 행보에 마틴은 흥분한다.

더 이상 아들을 찾아야할 이유가 사라진 그 여자는 아일랜드로 돌아가겠노라 말하지만 마틴은 우리가 생각하지 못한 이유가 있을지도 모르니 끝까지 아들의 삶을 추적해 보자며 아들의 배우자를 만나러 가자고 종용한다. 아들의 사진 속에서 항상 가슴에 달고 있던 아일랜드 배지가 마틴의 머릿속에서 반짝거린다.

5. 슬픈 모자

예측 없이 늘어나는 여행 일정이다. 마치 계획 없이 살아낸 인생처럼 말이다.

50년 기도의 마침표를 찍으러 간 길이었지만 아들의 배우자는 더 이상 아들과 관계된 사람들을 만나고 싶지 않다며 문을 열어주지 않는다. 특종을 놓칠 수 없는 마틴은 안절부절이다.

여자는 열리지 않는 문 앞에서 말한다. 내 아들을 사랑하고 함께해 준 시간에 고맙다며 나도 평생 어미라는 이름으로 아들을 품고 살아왔다고. 우리 아들과 마지막을 함께한 당신을 볼 자격이 내게 없겠냐고 그를 설득한다.

문을 열어준 그 남자에게서 그들은 아들의 새로운 이야기를 듣게 된다. 에이즈라는 질병으로 죽어가던 그 아들이 묻히고 싶어한 곳은 바로 수녀원의 숲 속이었다. 그 여자의 고통의 장소이자 삼년 간 아들과 함께 했던 사랑의 장소였던 그 곳. 아들은 어미의 품에서 마지막 안식을 택한 것이다. 수차례 수녀원을 방문하여 어미의 소식을 물었지만 수녀들은 그 여자가 한 번도 수녀원을 찾아오지 않았다며 한결같은 대답으로 그 아들을 되돌려 보냈다고 한다. 수녀원에서는 입양에 관련된 모든 서류들이 화재 때 없어졌다고 했지만 정말로 소각된 것은 수녀원의 진실이었다. 잔인한 현실 앞에 마틴은 기자가 아닌 인간으로서 분노를 느끼게 된다.

6. 죽음의 문 앞에서

수녀원의 횡포 앞에서 얼마나 많은 모자들이 눈물을 삼키며 헤어져야 했을까. 그들의 삶과 눈물에 대해 어떻게 용서를 받을 것이냐며 마틴이 수녀원장에게 따지지만 돌아오는 것은 차가운 대답이다. 자신에게 그것이 최선의 결정이었고 고통은 오로지 죄악을 저지른 그들의 몫이라며 끝까지 사과하지 않는다.

죽음 앞에서도 율법의 옷을 벗지 못하는 원장을 바라보며 당신이 평생 믿은 하나님은 죽은 하나님이라고 마틴은 소리친다. 그 여자는 절규하는 마틴을 달래며 젊은 시절 감히 쳐다 볼 수도 없었던 원장에게 말한다. 찢어진 가슴을 다시 회복할 수는 없지만 난 당신을 원망하지 않겠다고. 당신의 고집 센 율법이 나를 정죄하고 나와 내 아들을 가로막았어도 나는 한 번도 내 아들을 마음에서 잊은 적이 포기한 적도 없었다고. 당신은 당신의 신념을 끌어안고 잘 가시라고.

　아들이 묻혀 있는 묘지 앞에서 그 여자는 비로소 어미의 이름으로 선다. 그 여자의 가슴 아픈 삶이 진실로 느껴진 마틴은 당신이 원한다면 이 이야기는 기사화하지 않겠다고 말한다. 힘없는 미혼모들의 노동을 착취하고 고아들을 입양시키며 받은 물질의 대가로 수녀원은 얼마나 부귀영화를 누렸을까. 그들이 진정으로 경배한 대상은 누구였을까. 수녀원에서의 삶이 그 여자에게 골고다의 현장이었다 할지라도 그녀는 죽음보다 귀한 사랑하는 아들을 품고 있었다. 그 사랑으로 그 여자는 평생을 견뎌왔고 남은 생애의 시간도 살아낼 것이다.

7. 생명의 종소리

　자신의 인생을 기사거리로 방송에 내지 말라고 했던 그 여자. 마틴에게 혹시 돈이 필요해서 그렇다면 내가 쓴 경비는 물론 당신의 수고비도 평생 일해서라도 갚겠다고 했던 그 여자는 돌아오는 길에 자신의 기사를 방송에 낼 것을 허락한다. 수녀원장은 마음으로 용서했지만 수녀원의 죄는 반복되지 않도록 드러내어 사회에 경종을 울려야 한다는 이유였다. 너무도 많은 힘없는 어머니들의 서글픈 눈물이 그 수녀원에 묻혀 있다고 종은 누군가가 울려야 한다고 그 여자는 단호하게 말한다.

돌아오는 자동차 안에서 그 여자는 또다시 '물레방앗간 아가씨' 이야기를 늘어놓는다. 그 여자의 향내가 마틴은 이제 부담스럽지 않다. 수녀원 숲의 향기보다 더 진솔하게 마음속까지 풍겨온다. '물레방앗간 아가씨'의 사랑이야기처럼 그 여자와 우리 모두의 삶도 언젠가는 반드시 끝을 맺을 것이다. 그 때 우리는 우리가 어떤 역할이었는지 돌아보게 될 것이다. 우리가 평생 사랑하고 용서하고 산다면 팔로미나의 기적은 우리의 삶에도 일어나지 않을까.

　그 여자가 아들을 사랑 했던 곳은 수녀원이다.
　그 여자가 아들을 다시 찾은 곳도 수녀원이다.
　그 여자의 아들은
　엄마의 이름 같은 아일랜드 국기 배지를 달고 묻혀 있다.

(2018.04.19)

4부
혜주랑 할미랑

빨간 필통

 분리수거를 하러 나가서 화분이나 빳빳한 상자, 쓸 만한 화분 등을 보면 슬그머니 주워오는 버릇이 있다. 잘 버리는 것도 미덕이라며 식구들은 엄마의 행동에 펄쩍 뛰는데 나는 아까운 생각이 든다. 버리지 못하는 것은 나이 들어가는 증거라는데 나이가 들었으면 어떠랴? 더 쓸 수 있는 물건에 대한 애착은 돌아가신 친정어머니를 닮은 것 같다.
 어머니는 그릇이나 옷, 장롱까지 오래된 물건을 깨끗이 닦아 쓰셨다. 어린 시절 언니의 헌 스웨터를 풀어 동생과 나의 스웨터를 짜주시던 어머니의 모습이 아직도 생생하다.

 그 날 오후 시청한 프로그램에서 학교를 못가고 일을 해야 먹고 사는 아프리카의 고아 사남매에 관한 이야기가 소개되었다. 맏이는 공부하는 것을 유난히 좋아하는 여동생 한 명만을 학교에 보냈다. 초등학교라 학비는 없지만 교복과 학용품은 스스로 준비해야 한다. 교복 없이 다니는 것도 창피한데 변변한 공책과 연필도 마련하지 못했다. 몽당연필로 겨우겨우 침을 발라 쓰면서도 동생은 즐겁게 공부를 한다. 맨발로 두 시간을 걸어가야 하지만 학교는 그 아이들의 희망이다. 시장에서 동생들을 위하여 하루 종일 짐을 나르고 품삯을 받아 옥수수 가루를 사러간 맏이는 한참을 망설인다. 이틀이나 굶은 어린 동생들의 힘없는 얼굴이 아른 거렸지만 맏이는 여동생의 연필과 공책을 사기로 결정한다.

저 나라의 취약한 경제 구조는 누구의 잘못일까. 법으로는 아동의 노동이 금지되어 있지만 고아들을 위한 복지정책이 따로 없는 가난한 나라에서 아이들은 일을 해야 먹고 살 수 있다. 힘없는 아동이라는 것이 약점이 되어 어른못지않게 악착같이 일을 해도 품삯은 늘 야박하다. 우리의 유년 시절보다 훨씬 혹독하게 가난하다. 농업, 목축업 등 일차 산업에만 의존해서 일까. 일부 지도층들은 부유한 생활을 누리지만 수많은 고아들의 처절한 외침에 함께 울어줄 아비의 마음을 가진 진정한 지도자는 없는 것일까?

시장에서부터 두 시간을 걸어 집에 온 맏이는 어린 동생들을 굶기는 게 미안하다. 오빠의 빈손을 보고 동생들은 맥이 빠진다. 하루에 한 끼라도 먹는 게 소원인 아이들, 오직 한 끼의 식사를 위하여 힘든 노동을 감내하는 아이들의 이야기는 너무도 가슴을 아프게 한다. 연필을 쥐고 있어야 할 손에 무거운 짐을 들고 있는 현실이 애처롭다. 공책과 연필을 손에 쥔 여동생의 마음도 오빠가 흘렸을 땀방울을 생각하며 허름한 담장처럼 무너져 내린다.

그날 오후 분리수거 통에 누군가 빨간 필통을 버리고 갔다. 겉모습이 멀쩡해서 열어보니 색연필과 사인펜, 향내 나는 연필과 지우개까지 들어있다.

어린 주인은 이걸 왜 버렸을까? 엄마가 더 좋은 필통을 사줬을까? 필통을 주워왔지만 우리 집에도 안 쓰는 연필과 볼펜들이 한 박스나 있다. 멀쩡한 것을 버릴 수가 없어서 책상서랍 깊숙이 넣어둔 잠자는 문구들이다. 주워온 필통을 바라보며 아프리카의 그 소녀에게 전달해 줄 수 있다면 얼마나 좋을까 우스운 생각을 해본다.

우리는 왜 이렇게 넘치도록 많이 갖고 있는 것일까? 냉장고 안에는 일주일간 장을 보지 않아도 먹을 수 있는 풍성한 음식들이 들어있다. 오죽하면 냉장고 쇼핑이라는 말까지 생겼을까. 쌀통에 쌀이 가득해도 밀가루며 라면이며 밥 먹기 싫을 때 먹을 수 있는 대용식품들도 구비해 놓았다. 밥맛이 없는 날은 외식을 하고 맛집을 찾아다니느라 소진하지 못한 냉장고 안의 오래된 음식을 자주 버린다. 하루 한 끼의 식사를 위하여 땀을 흘리는 아이들도 있는데…

이사 갈 때면 이렇게 많은 짐을 끌어안고 살았나 후회를 한다. 이번에는 정리하며 간결하게 살아야지 결심을 해도 한 달을 못 넘긴다. 텔레비전에서는 하루 종일 '먹어라, 먹어라', '입어라, 입어라' 주문을 건다. 놀러가라고 여기저기 구경도 시켜주며 맛집, 멋집을 찾아다니라고 우리를 부추긴다. 홈쇼핑에서 먹는 연기만을 하는 새로운 직업도 있다고 한다.

요란한 음식으로 우리의 입술은 잠깐 즐거울 수 있겠지만 마음의 허기는 무엇으로 채워야 하나? 필통을 주워 와서 신발장 위에 놓았지만 딱히 따로 쓸 용도는 없다. 내 책상에도 쓰임 받고 싶어 하는 문구들이 나란히 줄서서 기다리고 있으니 말이다.

언젠가 아프리카 여행을 하게 되면 집에 있는 잠자는 학용품들을 가방에 넣고 거리에서 만나는 아이들에게 나누어 주면 어떨까 상상을 해본다. 피리 부는 아저씨가 아닌 연필 나누어 주는 아줌마로 아이들이 줄줄 내 뒤를 따라다니지 않을까? 연필을 나누어 주다 보며 항아리 같은 내 몸매도 연필처럼 날씬해질지 또 누가 알겠는가? 후원 한 구좌를 더 신청하는 것으로 마음의 미안함과 안타까움을 내려놓았다.

빨간 필통을 보며 생각한다. 저 필통은 내 마음의 신호등이라고! 욕심을 내어 무언가 더 사고 싶거나 갖고 싶을 때 멈추라는 신호등으로 사용하리라 생각한다.

필통을 살짝 흔들어 보니 좋은 생각이라고 자기들을 제발 버리지 말라고 '사그랑, 사그랑' 콧노래로 애교를 떠는 것 같다. 빨간 필통 속의 크고 작은 연필들도 오늘밤 혹시 나처럼 아프리카 여행을 꿈꾸는 것은 아닐까?

(2019.09.14)

공일이 언제고?

1. 최고의 밥상

 누구랑 이야기하다가 어떤 말이 마음에 남을 때가 있습니다. 말이란 에너지가 있어서 하고 나면 은혜도 남고 미움도 남더라구요. 저희 사돈이 시무하시는 남해 작은 교회에 93세 성도분이 2주째 안 나오셔서 사돈께서 심방을 갔는데 식사하신 밥상을 보니까 식은 밥 한 덩이에 말라버린 된장 종지 그리고 한입 베어 문 고추가 전부였답니다. 흔한 된장국조차 끓일 기운도 없으셨나? 할머니의 쓸쓸한 밥상을 보며 사돈은 마음이 많이 아프셨답니다. 주일 예배 후 차려드리는 점심밥상은 우리 집 최고의 밥상이 되어야겠다고 결심하셨답니다. 돌아가신 부모님께도 최고의 밥상을 차려드린 기억이 없는 나는 그 말이 오래오래 마음에 따뜻하게 남았답니다. 노인 분들께서 비록 교회에 오셔서 성경도 못 읽으시고 음정 틀리는 찬송을 부른다 해도 아버지의 이름이 불려지는 곳에는 따뜻한 밥상이 있어야 한다는 그 말이 생명의 말 같이 들렸습니다. 밥상을 준비하는 손길은 엄마의 손길처럼 따뜻한 손길이겠죠? 할머님들은 삶에 지친 고단한 마음들을 교회에서 녹이고 돌아가시나 봅니다.

그 교회에 가족들과 함께 손녀딸 손잡고 예배드리러 갑니다.

떡 한 말 이고 수박 한 덩이 들고요.

2. 소순 할머니 이야기

명목상 사돈을 만나러 가는 길이지만, 나는 소순 할머니가 보고 싶었답니다. 자그마한 체구에 수줍음을 타시는 93세 할머니!

공일이 언제고? 하시며 늘 교회에 가는 날을 손꼽아 기다리시는 할머니이십니다. 어느 날 마당의 개 줄에 걸려 넘어지셔서 다리를 다치시고 2주나 교회를 못 가셔서 아기처럼 '엉엉!' 우셨다고 합니다. 그러던 어느 날 꿈에서 누군가가 자신의 다리를 세게 잡아당기는 느낌에 너무 아프셔서 앞으로 교회는 영영 못 가겠구나 하셨는데, 아침에 일어나 보니 다리와 허리에 시원한 느낌이 들며 힘이 생기는 것 같았답니다. 아기처럼 손꼽아 기다리던 교회에 다시 나오셔서 할머니께서 기뻐서 들려주신 이야기입니다.

꿈에서 할머니의 다리를 만져주신 분! 그 분이 예수님이 아니면 누구겠냐고 할머니는 말씀하십니다. 만나는 사람마다 예수님을 전하며 교회에 가자고 하신 답니다. 아직 할머니의 말씀을 듣고 교회에 나온 사람은 없지만 어쨌든 할머니는 이제 차면 생명 교회의 당당한 전도부장이십니다. 주일 예배 후 애찬을 나누는데 할머니의 어깨가 들썩 거리시네요. 할머니의 작은 어깨가 예수님 때문에 언제나 '덩실덩실' 춤을 추셨으면 좋겠습니다.

3. 남해 차면 생명교회

남해 차면 생명 교회는 남해 차면리에 세워진 작은 교회입니다. 이순신 장군께서 마지막 숨을 거두신 노량 해전의 관음포가 보이는 마을이랍니다. 사돈께서 키르키즈스탄에서 고려인 사역을 마치고 돌아오신 뒤 고향 마을에 세우신 작은 교회랍니다. 사돈내외분께는 교회 건축이 평생소원이셨다고 합니다. 저의 평생소원은 세계일주 크루즈여행인데요 소원이 하늘과 땅 차이네요.

그 곳에는 네 분의 연로하신 어르신들이 모이십니다. 원래 여섯 분이 모이셨는데 한 분은 하늘나라에 가셨고 한 분은 요양원으로 가셨다합니다. 현재 참석하시는 네 분의 나이를 합치면 모두 346세에요. 소순 할머니가 93세로 큰 언니시고 막내 분이 75세랍니다.

어르신들은 공일이 언제고? 공일이 언제고? 하시며 교회가시는 날을 손꼽아 기다리신다고 합니다. 가끔 토요일에 교회에 오시는 분도 있다고 합니다.

'공일이 언제고?' 저의 마음에도 그렇게 간절히 교회에 가고 싶은 마음이 있었나 생각해 봅니다. 당연히 가는 줄 알았던 교회였습니다. 그러나 이번 코로나19 사태로 집에서 온라인으로 예배를 드리다 보니 성도들과 함께 모여서 예배드리고 싶은 간절한 마음이 생깁니다. 어르신들께서 건강하셔서 이 세상 마치는 날까지 즐겁게 교회를 다니셨으면 좋겠네요. 황혼을 바라보는 나이에 교회를 세우신 우리 사돈들도 건강하셔서 할머님들의 천국여행의 믿음직한 안내자가 되어 주시기를 기도합니다.

비단 교회 사역뿐 아니라 주중에는 농사도 지으시고 요양원 봉사도 나가시는 사돈들을 보며 강건하게 일하시는 모습이 청년처럼 무척 멋지게 보였답니다. 나이가 젊어도 꿈이 없다면 그는 노년의 삶을 사는 것이고, 나이가 들어도 꿈이 있다면 그는 청년의 삶을 사는 것이라고 사무엘 바케트 아저씨가 말하셨지요. 저는 삶에서 지칠 때마다 마음속의 그 말을 꺼내어 본답니다.

노인이 노인을 위해 봉사하는 것 같은데 사실 시골에서는 70대가 막내라고 하니 저도 다시 분발을 해야겠어요. 황혼이 보이는 나이입니다. 마지막 남은 시간 무엇을 위해 힘써야 하나 생각해 봅니다. 우리 하나님도 일하시는 하나님, '아사 하나님' 이라고 하시네요. 그런데 저는 자꾸 '앗싸, 우리 하나님!' 하게 되네요.

서산마루에 지는 해처럼 하루 일을 마치고 집으로 돌아가는 지친 누군가의 어깨를 수고했다고 따뜻하게 감싸준다면 그것도 얼마나 눈부신 황혼일까요?

감자채 볶음을 하며

　어린 시절 저녁 때면 우물가에 쪼그리고 앉아 둥그런 양은 숟갈로 감자껍질을 벗기곤 하였다. 작은언니는 손에 흙이 묻어 싫다고 하는 그 일이 나는 재미있었다. 엄마는 검정 프라이팬에 감자랑 당근과 양파를 '사각사각' 채 썰어 맛있게 볶아 주셨다. 엄마가 도마 위에 채소 써는 소리가 나지막이 울려 퍼지면 공장에서 돌아오신 아버지는 등목을 하시고 대청마루에서 신문을 보셨다. 엄마는 아버지께서 드실 것을 먼저 한 접시 담아 놓고 프라이팬에 밥을 담아 세 딸들에게 볶아 주셨다. 기름기가 적당히 묻은 밥은 얼마나 고소하고 맛있던지. 언니들과 한 숟갈이라도 더 먹으려고 수저를 부딪치면 세 딸들의 웃음소리도 함께 '또르르' 입 속으로 묻혀 들어갔다.
　그 시절, 감자는 만만한 저녁 반찬이었다. 텃밭에서 감자를 한 소쿠리나 캐오던 날은 우리 집이 부자라고 생각이 들었다. 나이가 들었어도 나는 여전히 감자채 볶음을 좋아한다. 반찬이 없을 때면 주로 감자를 볶는다. 남편 몫으로 한 접시를 덜어내고 나는 프라이팬에 밥을 넣어 볶는다. 셋이 아닌 혼자 먹어도 이렇게 맛있으니 이 식성을 어이하면 좋을꼬?

사루비아 꽃이 곱게 피어 있던 우리 집 우물가가 생각이 난다. 세를 들어 살던 계순이 할머니는 열무를 씻고 아랫방에 살던 춘수 아줌마는 삶은 국수를 헹구면서 한 움큼을 꼭 내 입에 넣어 주셨다. 영곤이 엄마는 고구마를 씻어 가시곤 하였다.

한 여름 밤에는 수박을 우물 속에 담가 놓고 자기 전 수박 파티를 기다리며 졸음을 참기도 하였다. 수박 한 덩이만 있어도 파티가 되던 시절, 집집마다 아니 방방마다 수박을 돌리던 일은 언니들과 함께 즐거운 행사였다. 한 지붕 밑에 사람들이 무슨 반찬을 해먹는지 다 알 수 있었던 우리 집 우물가! 우리 세 자매의 손톱을 곱게 치장해주기 위하여 키 작은 봉숭아꽃도 여름 내내 우물가에 앉아 있었다. 함께 봉숭아물을 들이던 작은 언니도 감자를 맛있게 볶아 주시던 엄마도 안 계신 지금 나는 싱크대 앞에 혼자 서 있다.

토론토 아들 집에 머무를 때이다. 아침 일찍 눈을 뜨면 나는 말씀 한 구절 보고 밥을 앉힌다. 싱크대 찬장에서 감자와 양파를 찾아내어 감자채 볶음을 만들어 놓고 손주들에게 한 접시씩 담아주면 맛있다고 잘 먹어 준다. 외양이 닮은 것은 알고 있었지만 감자를 좋아하는 식성까지 닮은 것을 보며 가슴이 찡해 온다.

우리 손주들도 이다음에 자라서 싱크대에 서서 감자채를 볶아주던 할머니를 생각할까. 사루비아 꽃이 곱게 피어있던 우물가는 아니지만 할머니 웃음소리와 칼 도마소리가 '사각사각' 부딪히던 그 아침을 기억해주면 좋겠다. 아무렇지도 않게 스쳤던 어린 시절 풍경들이 고스란히 마음속에 남는 것이라면 나는 손주들에게 부지런히 재미있는 성경 이야기도 들려 주고 숲 속의 매미노래도 부르며 손뼉도 맞춰 주어야겠노라 생각한다. 작은 손을 잡고 학교도 함께 걸어가며 나무하고 인사하는 법을 가르쳐 주리라 생각한다.

감자채를 맛있게 먹는 모습이 고맙고 귀여워 한참을 쳐다보니 손자가 말한다.

"할머니, 내일도 감자밥 또 해주세요."라고.

엄마처럼 손톱에 매니큐어를 예쁘게 칠한 손녀도 말한다.

"할머니, 오늘 감자밥은 맛있지만 내일은 다른 반찬 해주세요. 네?" 하하하 내일은 무슨 반찬을 해줄까. 서울에 함께 돌아가면 우리 손녀딸 작은 손톱에 봉숭아 꽃물도 곱게 드려 줘야겠다. 그런데 봉숭아꽃은 어디서 따오지? 그리고 백반도 누런 실도 있어야 할 텐데...

할머니는 행복한 고민으로 오늘 하루를 보내리라.

(2019.03.28)

사 랑

Jeremiah Meang & 할머니

할머니 또와 또와요
함께 함께 있어요
자꾸 자꾸 있어요

손주의 눈웃음에
할머니 마음이
사르르 녹네요.

길 떠나는 아침
할미는 가방 속에
손주의 마음을
제일 먼저 챙겨 넣네요.

컬린에게 (Dear my Grandson)

Hi! Collin!

이모할머니는 지금 책상 앞에 네 사진을 놓고 편지를 쓴다.

네가 벌써 대학생이 된다니 할머니 마음속엔 기쁨이 넘친단다.

"I have Big One!" 화장실에서 외치던 꼬마였는데. 너를 생각하면 비밀 통장을 갖고 있는 것처럼 자꾸 웃음이 나온다.

아이들이 부르는 노래에도 있단다.

"자기 혼자 컸을까? 아니, 아니죠!, 밥만 먹고 컸을까? 아니, 아니죠. 위에 계신 하나님이 키워 주셨죠!"

네가 아기 때 할머니가 이 노래 많이 불러 주었는데 기억하고 있니? 오이나 수박, 과일, 채소도 물만 먹고 자라는 것이 아니라 하늘에서 키워 주신단다. 하물며 하나님의 형상을 닮은 우리들은 더욱 잘 키워 주시지 않겠니?

컬린이가 다섯 명의 동생들을 사랑하고 한결같이 잘 놀아 주는 것을 보면 네 마음에는 커다란 사랑의 샘물이 있는 것 같구나.

학교에서 공부도, 농구도 열심히 하며 보이스카우트 활동도 한다고 하니 할머니는 네가 무척 자랑스럽단다.

너의 학교 체육관 벽에 붙은 자랑스러운 농구부 사진도 할머니는 보았단다. 특히 보이스카우트 활동은 초등학교 때부터 시작했으니 너의 꾸준함과 책임감 있는 성격을 알 수 있지.

가끔씩 네가 들려주는 모차르트의 클라리넷 협주곡 A장조도 얼마나 아름다운지 몰라요.

컬린아! 너의 마음속에 외할머니의 생각으로 50%나 차있다는 이야기를 들었다. 외할머니, 외할아버지를 소중하게 생각하는 너의 마음이 또한 보석 같구나. 외할머니의 뒷마당에서 여섯 명의 손주가 뛰어 놀던 모습은 영화의 한 장면처럼 이모할머니의 머리 속에 저장되어 있단다.

우리 그곳에서 한국게임 '무궁화 꽃이 피었습니다'와 '숨바꼭질'도 재미있게 했었지.

참, 혹시 보이 스카우트의 목표가 무엇인지 아니?

'나는 하나님과 나의 조국을 위하여 충성을 다하겠습니다.' 이란다. 할머니는 이 표어가 정말 마음에 든단다.

우리 컬린이가 세상 골리앗 앞에서 다윗처럼 믿음의 물맷돌을 든 청년으로 씩씩하게 자라기를 기도한다.

하나님께서 싫어하시는 일에 대해서 함께 분노하고,

늘 정의 편에 서서 이웃을 위하여 믿음의 물맷돌을 드는 사람이 되려무나. 할머니들의 사랑은 가족을 벗어나지 못하는데 우리 컬린이의 사랑은 크게 뻗어 나가기를 바란다.

할머니는 너의 허씨 패밀리를 정말 사랑해.
한국에서 삶에 지치고 힘들 때마다 나에게는 미국에 또 다른 패밀리가 있다고 언제든 그곳에 달려갈 수 있다 생각하며 힘을 얻곤 했단다. 언제나 너의 가족은 할머니를 따뜻하게 맞아 주었지. 함께 여행도 가고, 함께 파티도 하고 말이야.
어버이날이면 가족들이 한데 모여 옷을 맞춰 입고 할머니교회로 달려가 가족 공연을 하곤 한다지?
이제 너희 허씨 패밀리의 아름다운 전통이 되었구나.
가족을 사랑하는 사람은 이웃을 사랑할 수 있고, 이웃을 사랑하는 사람은 하나님을 사랑하는 사람이라고 할머니는 생각해!
아유~ 이 글을 읽는 사람들이 헷갈리겠다. 대체 이 할머니는 누구고 저 할머니는 누군가?
여기가 경로당인지 할머니들이 많이 나오네.
이쯤에서 'Hur' Familly를 소개 하겠습니다.
허는 가족을 모두 이끌고 이민을 가신 우리 큰형부의 성이에요.
그리고 큰언니 큰형부에게는 사랑스런 세 딸이 있지요.
그 이름도 예쁜 수잔, 샤론, 셀리이지요.
이 편지에 나오는 컬린은 큰 딸 수잔의 큰 아들이랍니다.
수잔은 컬린과 엘라를 낳고, 샤론은 에비와 일리스를 낳고,
막내딸 셀리는 두 아들 솔로몬과 프랭크린을 낳았더라.
이 가족은 하나님을 경외하며 서로 사랑하며 행복하게 살아가

더라. 하하하하 말하고 보니 산부인과 복음 같지요?

그리고 저는 큰언니를 친정엄마처럼 좋아하는 귀여운 막내 동생 Sara할머니랍니다. 할머니가 어떻게 귀엽냐고요?

아, 우리 언니에게, 조카딸들과 손주들에게 물어 보세요.

세상에서 제일 귀여운 할머니는 누구일까요?

모두들 "Sara 이모할머니요!"라고 입을 모아 대답할거에요.

언니의 정원에 여섯 명의 손주들이 반짝거리네요!

우리들의 육체는 쇠잔해져도 손을 호호 불며

손주들이 믿음의 나무로 무럭무럭 자라도록 기도할 것입니다.

사랑하는 컬린!

할머니의 책이 출판되기를 기다린다고 했지?

그 말이 참 따뜻하게 들렸단다.

관심은 또 다른 사랑의 언어거든!

그럼 이만 펜을 놓는다.

See you again! I miss You!

Sara 이모할머니가
북한산이 보이는 서재에서

늙은 호박 한 덩이

    멀리 사시는 할머니께서 인편에 늙은 호박 한 덩이를 보내 주셨습니다. 호박의 묵직한 무게는 할머니께서 그 동안 살아오신 삶의 무게 같아 제 마음이 저려옵니다. 아까운 호박을 잡고 보니 호박 속은 주홍빛 같이 고운 실타래가 서로서로 엉켜서 호박씨들을 꽉 붙잡고 있는데 그 모습이 참으로 생명의 등불처럼 황홀하게 느껴졌습니다. 푸른빛을 띠는 젊은 시절에는 귀한 반찬은 아니지만 애호박 볶음, 호박전, 호박 찌개로 말없이 밥상을 지켜주고 늙어서는 호박죽으로 호박떡으로 아낌없이 몸을 내주는 호박이 자녀들을 위해서 평생 헌신한 우리 할머니의 모습을 닮았습니다.
    시골에 계신 저희 할머니는 대통령을 만나 본 적이 없지만 나라살림이 잘 돌아가는 것을 보며 서울에 대통령이 계신 것을 믿습니다. 모든 농작물들이 제 때에 꽃을 피우고 열매를 맺고 씨앗을 남기는 것을 보며, 밤하늘의 달과 별들이 서로의 자리를 지키며 반짝이는 것을 보며, 저는 만물에도 지으신 주인이 반드시 있다는 것을 믿습니다.

  우리 할머니께 그 분을 소개해드리고 싶습니다. 그 분이시라면 우리 할머니께서 왜 한숨을 쉬시는지 왜 가슴이 멍드셨는지 아실 것 같습니다. 요즈음 할머니는 마음도 아프고 몸도 아프고 서럽다고 자주 말씀하십니다. 할머니께서 걸어오신 고단한 인생길! 이제 주름진 할머니의 손을 잡고 걸어갈 친구 같은 그 분을 소개해드리고 싶습니다.
  그 분이 주는 평안은 이 세상이 주는 평안과 다르다고 합니다.
  그 분은 우리의 겉사람을 보지 않고 속사람을 본다고 하십니다. 농부가 일 년 열 두 달 애지중지 농작물을 돌보듯이 그렇게 인생 끝날 까지 우리를 돌보신다고 하십니다.
  할머니의 주름은 인생을 열심히 살아오신 자만이 만들 수 있는 '인생의 꽃'이요, '인생의 훈장'입니다. 힘든 세월을 견디어 오신 어르신들을 존경합니다. 그 분이 주시는 사랑을 어르신들께서도 풍성히 누리셨으면 좋겠습니다.

  새 봄이 오기 전에 저는 할머니를 찾아뵙고 할머니의 손을 잡아드릴 것입니다. 그 손은 어린 시절 저의 아픈 배를 문질러 주시던, 세상에서 제일 따뜻한 약손입니다. 인생은 수고와 눈물뿐이라고 푸념하시는 할머니께 아니라고 그렇지 않다고 그 분을 만나면 호박보다 훠~얼~씬 큰 대박이 굴러 들어오는 것이라고 말씀드리며 자손들에게 호박씨처럼 많은 사랑을 남겨 주셔서 감사하다고 할머니의 앙상한 어깨를 꼬~옥 안아 드릴 것입니다.

옷 중의 옷!

가장 아름다운 옷 '평안의 옷'을 그 분께서 우리 할머니께 입혀 주시면 차~암 좋겠습니다. 우리는 그 분을 우리 인생의 주인으로 모시며 주님, 또는 예수님이라고 부릅니다. 할머니의 남은 인생의 시간에 기쁘고 복된 일들만 가득하기를 두 손 모아 간절히 기도 드립니다.

(2015.11.21)

너희가 노년에 이르기 까지 내가 그리 하겠고

백발이 되기까지 내가 너희를 품을 것이라.

내가 지었은즉 내가 업을 것이요

내가 품고 내가 구하여 내리라

(이사야 46장 4절)

토론토에 가면

　원하던 대학입시에 실패하자 아들은 기다렸다는 듯 캐나다에 유학을 가고 싶다고 했다. 중 3때 캐나다에 이민 간 친한 친구가 있어 마음이 더욱 끌렸던 것 같다. 우수한 성적도 아니고 가정 형편 상 힘들다고 반대를 하였지만 아들은 꼭 가고 싶다고 했다. 공부 잘하는 아이들만 유학가라는 법이 어디 있냐며 어차피 대학교에 붙었으면 등록금과 학비는 대줬을 것 아니냐고, 더도말고 그만큼만 지원해 달라고 자신만의 특이한 논법으로 끈질기게 간청하였다. 그래도 안 된다고 하니 자신이 떠나면 자신의 빈 방을 세를 주고 돈을 보내 달라는 황당한 경제논리까지 들고 나왔다. 나는 아들이 구체적으로 자기의 미래를 계획하고 주장하는 것이 속으로는 기특하다는 생각이 들어 아들의 손을 들어주기로 하였다.

　큰 나라에 가서 공부하고 싶어 하는 아들의 꿈. 남편도 사업으로 허망하게 큰 돈을 날리는데 아들의 꿈을 위해 투자하는 돈은 날리는 것이 아니라 저축이라는 생각이 들었다. 그리고 아들이 떠나고 싶어 하는 이유를 막연히 알 것 같았다. 그 때는 엄마인 나도 떠나고 싶었으니까.

엄마대신(?) 훨훨 날아간 유학길에서 아들은 기대 이상으로 성실하게 공부해주었다. 돈을 많이 벌겠다고 택한 회계학 전공 공부가 녹록치 않았을 텐데 좋은 성적을 받곤 했다. 하지만 예수전도단(YWAM)이라는 선교단체를 만나 신앙이 성장한 아들은 졸업과 동시에 회계사의 꿈을 접어 버렸다. 어릴적부터 입버릇처럼 부자가 되겠다던 아들은 지금 가장 돈을 벌지 못하는 교회 사역자의 길을 걷고 있다. 하지만 그곳에서 평생을 함께 할 착하고 예쁜 아내를 만났으니 아들의 유학은 대성공이 아닐까.

아들이 가정을 꾸린 후부터는 나도 시간과 마음의 여유가 생겨 일 년에 한 번 아들가정을 방문하였다. 13시간의 긴 비행이 지루하지 않았음은 사랑하는 자녀를 만나러 가는 설레임 때문일 것이다. 아들이 공부했던 학교와 교회들을 돌아보며 낯선 도시에서 열심히 적응했을 아들의 모습이 그려져 말 할 수 없는 감사가 밀려왔다.

그 중의 첫 번째 감사 제목은 아들이 다녔던 화요찬양 모임이다. 그 곳에 내가 참석했던 날은 비 오는 화요일이었다. 학생들이 모이겠나 생각이 들었는데 시간이 되자 학생들이 삼삼오오 모여 들었다. 오직 주님께 찬양을 드리기 위해 돈만큼 귀한 시간을 드려 모이는 것이다. 토론토 시내에 학생들의 찬양이 뜨겁게 울려 퍼지던 그 날의 감격을 잊을 수가 없다. 나는 교회 복도에 서서 여기에 모인 청년들을 평생 기억해 달라고 주님께 간절히 기도드렸다.

일찍 가정을 이루어 젊은 나이에 두 아이의 아버지가 된 아들이 가족 부양의 짐을 지고 빠듯하게 사역을 해나가는 모습이 안쓰러워 보이기도 했다. 돈을 많이 벌어 아버지께 골프장을 사드리겠노라 약속하고 떠나온 유학길에서 아들은 그렇게 아비가 되어 있었다. 손주를 안겨주고 부모에게 푸른 골프장보다 더 큰 기쁨을 안겨 주었으니 아들 만세라도 외쳐야 하나 고개를 갸우뚱해 본다.

아들의 처갓집은 일찍 이민을 오신 가정인데 그 가정만의 독특한 손님 초대 방식이 있었다. 무조건 닭 칼국수를 끓여서 대접하는 것이다. 국수도 집에서 뽑고, 닭 서너 마리를 푹 삶아서 살을 찢어서 고추장에 얼큰하게 무쳐 꾸미를 만들면 맛있는 동가네 닭 칼국수가 완성된다. 아들의 장인은 그렇게 해서라도 잊혀져 가는 고향의 모습을 지키고 싶으셨나보다.

아들이 처갓집에 처음 인사드리러 갔을 때 처 할아버지도, 장인도, 처남도 모두 닭살을 찢고 있었단다. 그 진풍경 속에 이제 아들도 들어가 앉아 있으니 이렇게 따뜻한 닭살 가정을 만나게 해주신 것도 주님의 은혜라고 생각이 든다. 아직도 토론토에 가면 얼큰하고 맛있는 동집사님댁 닭칼국수를 먹을 수 있으니 한 번 방문해 보시겠어요? 태평양을 건너와도 대륙을 횡단해와도 무조건 닭칼국수랍니다.

토론토에 가면 이곳을 또 방문하지 않을 수가 없다. 아들의 학생 시절과 30대 청년시절을 다 보낸 예수전도단의 본부가 있는 오렌지빌 캠프이다. 예수전도단은 신앙 공동체로서 청년들을 모아 신앙 훈련을 시키고 성경공부를 하는 곳이다. 그들은 삶의 가치를 예수님의 말씀을 전파하며 그의 뜻대로 살아가는 것에 둔다. 남편은 평소 아들이 예수전도단 활동을 하는 것을 못마땅하게 생각했지만 나는 아들이 외국에서 나쁜 갱단에 들어간 것도 아니고 바르게 믿음을 갖고 살겠다는데 뭐가 문제냐며 갱단보다 확실히 좋은 예수전도단이라고 아들의 편을 들어주었다. 남편은 예수전도단의 활동이 무보수라는 것이 불편했던 것이다. 정말 무엇을 먹고 살았을까 우리 아들은!

숲속에 자리 잡은 본부는 너무 아름답다. 오래전에 지어진 낡은 목재 건물이 정다운 운치가 있다. 삐거덕 거리는 계단, 작은 2층 침대, 커튼이 드려진 흰색 창문, 예산이 없어 수리를 못하고 있다지만 그 덕분에 더욱 낭만이 느껴진다. 강물과 숲이 어우러진 숲속의 궁궐과 같은 곳, 어디에선가 빨간 머리 앤이 달려 나올 것 같고 사운드 오브 뮤직의 폰 트랩 합창단의 노래가 울려 퍼질 것 같은 오렌지 빌의 숲에서 아들은 훈련을 받고 성장한 것이다.

오렌지 빌의 오월의 숲에 서면 모든 욕심이 사라지고 이 풍경과 함께 늙고 싶은 마음이 든다. 아들도 도시에서 모든 사역이 힘들고 지칠 때 이곳에 와서 쉼을 얻고 갔다고 생각하니 마음이 벅차오른다. 부모가 줄 수 없는 쉼! 황금의 지폐가 줄 수 없는 쉼을 이 숲은 갖고 있었으니 이곳이 바로 치유의 숲이 아닌가? 우리 아들의 웃음이 나뭇가지에 걸려 있다. 지금은 두 손주가 어린이 캠프를 통해 그 숲에서 뛰어 놀고 있으니 손주들의 웃음소리도 잔디밭 이름 모를 꽃들 사이에 숨어 있을 것이다.

 예수전도단 칠년 사역을 마치고 일 년의 안식년을 얻었을 때 아들은 멕시코에서 공부하고 싶다고 했다. 그 때 손주들이 불과 세 살, 한 살이었는데, 아들은 토론토에서 멕시코까지 횡단하는 멋진 자동차 여행을 계획하고 있었다. 토론토에서 멕시코까지의 거리는 무려 5000km로 하루에 500km씩 열흘을 달려야하는 일정이었다. 주위에서 많이들 반대했지만 자신의 계획을 관철시키는 아들의 힘은 여전했다. 작은 차에 짐을 가득 싣고 어미를 육아보조교사로 채용한 뒤 긴 여행을 시작했다.
 미국은 자동차 여행의 천국다웠다. 우리는 라스베거스와 로키산맥을 지나고, 그랜드 캐년과 콜로라도의 대평원을 통과했다. 네바다 주의 사막지대를 거쳐 굽이굽이 산길 멋진 곳을 지날 때 마다 숙박을 하며 멋진 여행일기를 써내려 간다. 엄마가 유난히 여행을 좋아한다는 것을 알았을까. 아들은 나에게 잊을 수 없는 멋진 여행을 선물한 것이다. 아니, 내가 아들에게 여행을 저축해 놓았는지도 모른다. 어린 손주들도 아무 탈 없이 잘 따라와 주어서 우리의 여행을 염려 했던 많은 친지들에게 안도의 미소를 선물하며 그들에게도 여행의 불씨를 지펴주었다.
 7년의 고된 사역기간이 있었기에 1년의 안식년은 달콤한 감사의 선물이었다. 아들은 하고 싶은 공부도 하고 새로운 봉사도 하면서 또 다른 사역을 향해 달려 나갈 힘을 얻었던 것 같다.

　이번의 방문에는 가족이 모두 함께 방문하게 되었다. 안식년 후 전도사가 되어 교회 사역을 하던 아들이 4년 만에 목사 안수를 받게 되었기 때문이다. 맹진사댁 경사라고 친구들이 축하의 꽃다발을 보낸다. 딸, 사위도 참석하여 축가로 자리를 빛내 준다. 아들이 잘 성장할 수 있도록 영가족이 되어 사랑해 주신 갈보리 채플 성도님들과 떡을 나누며 풍성한 잔치집을 경험한다.
　목사 안수식은 교단의 대표 목사님과 선배 목사님들이 머리에 손을 얹고 참된 목사가 되기를 축복해 주시는 예식이다. 홍수가 나면 물은 많아도 마실 물은 더욱 귀해지듯이, 나는 목사가 많은 세상에서 아들이 하나님의 오른편에 서서 진리의 말씀만을 전하는 참 목자가 되기를 간절히 기도드린다. 누가 아들의 이 길을 계획해 놓으시고 이 시간까지 인도하셨을까. 긴 유학 생활, 가정을 지키며 열심히 공부하며 잘 살아왔다고 남편도 아들에게 아낌없는 격려를 보내주며 틈틈이 수첩에 적어 놓은 기도문을 읽어준다.

　안수식을 마치고 우리 가족은 여행을 떠난다. 목적지는 캔터기 주에 있는 노아의 방주 (Ark encounter)이다. 성경 창세기에 나오는 노아의 할아버지가 100년 동안 지으셨다는 그 방주대로 똑같이 지은 모형이 전시된 곳인데 아이들은 배를 타러 간다고 즐거워한다. 성경에는 노아의 여덟 식구가 배를 지었다고 한다. 하나님의 홍수의 심판이 있을 것이라고 노아가 백 년 동안 외쳤을 텐데 어떻게 한 명도 노아의 말을 듣고 방주에 탄 사람이 없었을까. 방주의 문이 닫히기까지 사람들은 먹고 마시며 시집가고 장가가고 집을 사고팔고 하였다니, 세상살이 재미에 푹 빠져서 자신의 영혼들을 돌아볼 여지가 없었나보다.

노아의 홍수에 대해서는 세계역사 곳곳에도 많은 기록이 남아 있다. 성경은 지금의 세상이 노아의 홍수 때처럼 사람들이 세상을 사랑하고 자기를 사랑하는 쾌락에 빠져 있다고 한다. 보이는 육체의 질병도 고치려고 애를 쓰는데 보이지 않는 영혼의 암세포에도 우리는 관심을 가져야 하지 않을까. 보이는 세상은 보이지 않는 세상의 지배를 받기 때문이다.

보수적인 미국의 중부지방 켄터키 주에 노아의 방주를 짓기까지 많은 어려움이 있었다고 한다. 건축 규모도 대단하지만 건축에 참여한 자들이 방주를 짓는 동안 술과 담배를 금하고 방주건축에 참여했다고 하니 그들의 경건한 자세에 감동이 느껴진다. 지금은 이곳을 찾는 많은 사람들에게 성경역사를 한 눈에 보여 주는 교육현장이 되었다.

유학을 떠난 후 2002년 월드컵 열기가 뜨거울 때 아들은 축구를 하다 무릎인대가 손상이 되었는데 그 소식을 가족에게 알리지 않았다. 나중에 그 사실을 알게 된 우리는 너무 마음이 아팠다. 왜 즉시 알리지 않고 목발을 집고 다녔을까? 나중에 서울에 나와 무릎인대 수술을 받은 동생을 일주일동안 꼬박 간호한 누나의 마음을 동생은 무릎에 새겨 놓았을 것이다. 무릎 수술을 받고 좋아하는 축구대신 기타를 치게 되었으니 이것도 찬양을 준비시키신 하나의 방법이었을까. 그냥 찬양하라고 마음에 속삭여 주셔도 될 텐데 왜 굳이 무릎을 다치게 하셔서 좋아하는 축구를 못하게 하셨을까 생각해본다.

  우리가 계획했을지라도 그 발걸음을 인도하시는 분은 하나님이시다. 자신의 고집으로 떠났던 유학길! 아들은 그 곳에서 가정을 이루고 평생 헌신할 길을 찾았다. 왜 목회의 길을 가냐고 물으면 아들은 서슴없이 대답한다. 하늘 아버지의 뜻이라고!

  서울에서 가장 짧은 사랑의 거리 토론토,
  그곳에 가면 아들의 꿈이 있다.
  할머니 또 오라고 속삭이는 손주들의 선한 웃음이 있다.
  토론토에 가면
  아들의 손을 잡고 인도해 주신
  주님의 은혜가 있다.

(2019.11.05)

새우야 새우야

 어제 저녁 집 근처 마트에서 장을 봤다. 한 마리에 1500원이라는 말을 듣고 멍청한 동태 한 마리를 샀다. 러시아산이라지만 혹시 일본 동태가 아닐까 의심이 든다. 동태에게 어디서 왔냐고 물어 볼 수도 없으니, 요즈음은 장보면서 불안함을 감출 수가 없다. 망설이는 나에게 주인은 새우도 데려가라고 권한다. 새우의 원산지를 확인하는 순간 나는 깜짝 놀랐다. 에콰도르가 아닌가!
 아, 에콰도르.... 이 작은 새우가 지구 반 바퀴를 돌아 그 먼 데서 왔다니 믿을 수가 없다. 나는 가만히 새우의 작은 머리를 쓰다듬어 주었다. 새우는 등이 굽은 채로 피곤한 듯 옆으로 누워있었다. 얼마나 배 멀미에 시달렸을까, 얼마나 배 밑 선창에서 춥고 무서웠을까. 나는 어린 새우가 불쌍하다는 생각이 들었다. 불쌍한 새우, 그리고 그리운 에콰도르!
 유난히 무더운 올여름 내가 그 먼 에콰도를 다녀왔구나!

27시간 비행은 모두에게 힘든 일이었지만 사랑하는 동역자가 있기에 다녀올 수 있었으리라. 다시 한 번 감사함이 피어올랐다. 밤 비행기에서 자신도 힘이 들텐데 조용히 복도를 다니면서 담요를 덮어주고 이마를 짚어주던 동역자들의 따스한 손길을 어찌 잊을 수 있으랴.

나는 새우를 가만히 내려놓고 마트를 나왔다. 주인이 안사면 후회한다고 했지만 나는 그 반가운 새우를 기름에 튀겨 잡아먹을 수는 없었다. 집에 오는 길 장바구니는 푸짐하지 않았지만 다시 피어나는 그리움으로 마음은 충만하다.

다시 한 번 그 먼 에콰도르를 방문하게 된다면 눈이 늘 빨갛게 짓물러 있던 아이에게 하루 세 번 씩 정성껏 안약을 넣어 주리라. 왜 이렇게 손을 씻지 않았는지 묻지 않고 닦아주고 또 닦아 주리라. 또 갈 기회가 주어진다면 예수님은 너를 사랑하신다는 말을 정확하게 스페인어로 또박또박 들려주리라(끄리스또 미 야마!). 밤하늘을 지붕삼아 잠자던 아이들에게 달려가서 따뜻하게 꼬옥 안아 주리라.

오필리아 시장 어린이들과 찬양하며 흘렸던 그 눈물들을 다시 만나러 가고 싶다. 왜 그렇게 눈물이 났을까.

에콰도르에 우리가 심었던 사랑의 씨앗들은 잘 싹이 텄을까?

주님의 꽃송이들은 잘 피어나고 있을까?

동태 한 마리를 사면서 환경오염에 불안해하고 이 많은 먹거리들 앞에서 한숨을 쉬며 하루 일을 마감한다. 우리의 마음에 누군가를 향한 사랑의 꽃이 계속 피어난다면 주님의 말씀 대로 그 꽃에 물을 주고 산다면 내일 지구에 종말이 온다 해도 무엇이 그리 두려울까?
 아직 멍청한 동태는 자기의 고향을 솔직히 말하지 않았지만 오늘 저녁 우리 집 메뉴는 동태탕임이 확실하다.

 나는 부엌칼을 높이 쳐든다.

혜주랑 할미랑

딸이 일을 할 때면 나는 손녀딸을 돌봐준다.

손주라는 이름은 세상에서 제일 맛있는 이름이다. 먹어도 먹어도 녹지 않는 신비한 캔디의 맛이라고 할까? 입안에서는 늘 웃음이 맴돌고 마음속에서는 달달한 행복이 샘처럼 솟아난다.

나는 젊은 시절 학교를 다니느라 육아에 살림에 여러 가지로 애를 먹었다. 때때로 아기를 돌봐주는 도우미 아주머니들은 월급을 받고서도 주말에 외출하셔서 월요일에 돌아오지 않았다. 출근을 해야 하는 나는 아기를 안고 큰 언니네로 동네 집사님 댁으로 달려가고, 때로는 친정아버지께서 허겁지겁 달려오기도 하셨다.

그 시절은 어떻게 보면 참 용감한 시절이기도 하였다. 생판 모르는 사람에게도 육아 도우미로 소개를 받으면 '아주머니, 잘 부탁드립니다.' 인사와 함께 예쁜 아기를 맡겨놓고 출근을 했으니 지금 생각해 보면 정신이 아찔하다. 기도하는 마음 없이는 하루도 견뎌낼 수 없었다. 아기 볼에 뽀뽀하고 싶고 울음소리가 귀에 들리는 것 같아 마음이 안절부절 이었다.

 힘든 일도 많이 겪었다. 도우미 아주머니가 술에 취해 낮잠을 자는 사이 네 살짜리 딸아이는 자신의 머리카락을 가위로 모두 잘라 놓기도 했고, 어느 날은 하루 종일 방문을 잠그고 우느라 나오지 않았다. 퇴근 후에 엄마를 본 딸아이는 눈이 퉁퉁 붓고 목이 잠겨 쉰 목소리로 겨우 '엄마'하며 달려왔다. 도우미 아주머니는 아이가 고집이 세다고 한마디로 상황을 설명했지만 어린 딸아이는 무엇이 그렇게 억울하고 슬펐던 걸까.

 나는 밤새도록 잠든 아이의 얼굴에서 그 슬픔을 읽어내려 애썼다. 내일이면 또 출근을 해야 하니 도우미 아주머니께 그저 잘 부탁한다는 말 외에 싫은 내색도 보일 수가 없었다. 지금 내가 손녀딸 혜주를 돌봐주다 보니 하루에도 몇 번씩 눈을 맞추며 웃고 같은 질문을 수도 없이 종알거리며 반복하고 놀이터에 나가자고 떼도 쓰는데. 딸아이의 이야기는 그 시절 누가 들어 주었을까? 나는 내 힘이 다하는 한 손녀딸을 기꺼이 돌봐 주리라 다짐을 한다.

 친구들은 노후에 계획이 없냐 꿈이 없냐고 하지만 나의 계획과 꿈은 오직 손주 돌보기라고 대답한다. 친구들은 때때로 미련하고 답답하다며 핀잔을 준다.

 생전에 화초를 가꾸는 일을 좋아하시던 어머니는 생명을 돌보는 일은 이보다 더 아름다운 일이라며 손주의 웃음은 백년화초라고 말씀하셨다. 지금은 어린이집이 있어 많이 도움이 되니 지혜롭게 나의 시간과 잘 병행하며 돌봐줄 수 있어 다행이다.

다행히 며느리는 직장을 나가지 않고 육아에 전념하였다. 엄마 없이 보낸 유년시절이 힘들었을까? 아들은 며느리가 육아에 전념하기를 원했다. 그 뜻을 잘 따라준 며느리가 얼마나 기특하고 고마운지 모른다. 그리고 며느리 친정이 가까이에 있어서 손주들이 외갓집의 사랑도 듬뿍 받으며 자라니 이 또한 감사한 일이다.

친정아버지는 자식 농사가 제일 중요하다시며 내가 직장 생활을 하는 것을 늘 못마땅하게 생각하셨다. 몇 번 그만둘 마음을 먹기도 했지만 지금 뒤돌아보니 고비 때마다 도움의 손길이 있어 위기를 잘 견디며 교사의 길을 무사히 마칠 수 있었다. 학생들 하나하나 볼 때마다 어머니의 눈물과 정성으로 자랐다고 생각을 하며 자녀를 맡긴 부모의 마음이 이해가 되어 최선을 다해 가르치며 섬겼다고 생각이 든다. 경험을 통해, 가정에서 안정된 사랑을 받은 아이들은 무언가 표정이 밝고 학교생활에서도 자신감이 넘쳐남을 나는 안다.

나는 딸에게 늘 빚진 마음이 있다. 부모는 자식에게 문서 없는 종이라 평생을 매여 산다는 어른들의 말씀도 재미있지만 나도 자식에게 문서 없는 사랑의 빚이 있음은 확실하다. 그래서 더욱 힘이 있을 때 도와주고 싶다. 손녀딸이 '할머니!~~'하고 달려올 때, 그 느낌을 무어라 표현할 수 있을까? 세상의 모든 등불들이 불을 밝히며 꽃들이 춤을 추며 달려오는 것 같다.

손녀딸과 길을 걷다가 다리가 아파서 가끔 멈출 때면 손녀딸은 단풍잎 같은 작은 손을 내민다.

"할머니 내 손 잡아요!" 그러다 또 달려가면서 달리기 경주를 하자고 한다. 편찮으신데도 일주일에 한 번씩 손주를 보러 오신 친정어머니의 마음이 이런 마음이었을까 싶어 눈시울이 붉어진다.

손녀딸 혜주가 친할머니 친할아버지를 뵈러 남해에 내려갔다. 남해는 아름다운 풍광을 자랑하는 곳이라 딸 내외가 내려갈 때 서슴없이 동행을 한다. 그곳에는 구순을 바라보는 혜주의 증조할머니가 계신다. 지팡이를 짚고 천천히 걸으신다. 증조할머니의 걸음이 느려지자 혜주는 어김없이 달려가 작은 손을 내민다. 그 작은 손은 어디서나 참 필요한 손이다. 증조할머니의 손을 잡고 걷는 모습이 내 마음에 잔잔한 감동을 선사한다. 해가 뉘엿뉘엿 넘어가는 노을 진 바닷가 길을 어린 증손녀와 손을 잡고 걸어가는 할머니!

인생은 얼마나 정직한 것인가. 누구에게나 어린 시절이 있고, 누구나 힘을 다하여 자녀를 돌보고 키운 시절이 있다. 자녀가 넘어지면 수십 번 달려가 안아주고 무릎을 호호 불어주던 어머니가 이제는 늙어 지팡이에 몸을 의지한다. 보살핌을 받던 어린 자녀들은 이제 어른이 되어 그 연로하신 어머니를 부축한다. 그때 달려가 손을 잡아주는 일은 얼마나 아름다운 일인가. 알게 모르게 지은 사랑의 빚들을 우리는 서로 갚아가며 살아가는 것이다.

혜주랑 할미랑 손잡고 한 걸음씩 걸어가는 그 풍경이 내 마음

속에 아름다운 사진으로 찍혀 있다. 나도 누군가의 손을 잡아 줄 수 있을 때 더 많이, 더 열심히 잡아 주리라. 한 걸음 한 걸음씩 천천히 가더라도 그 누구와의 걸음과 비교하지 않으며 나만의 걸음을 걸어가리라.

너무도 아름다워
하늘나라 사진관에도 걸려 있을 것 같은 그 그림.
'혜주랑, 할미랑'은 내가 좋아하는 인생의 풍경이다.

(2020.07.20)

마스크

초등학교 때는 마스크를 쓴 사람들을 보기 힘들었다. 가끔 감기에 걸린 친구가 학교에 마스크를 하고 오면 구경거리가 되었다. 지금은 감기가 걸리면 학생을 학교에 안 보내는 것이 상식이지만 그때는 감기에 걸려도 학교에 보내는 것이 교육에 대한 열성이라고 평가 받은 것 같다. 졸업식 때 6년 개근상을 목표로 하는 학생도 많았다. 건강과 행운과 성실이 따라 줘야 탈 수 있는 귀한 상이다. 우리 세 자매 중에 큰 언니만이 초,중,고 6년 개근상을 탔는데 아버지는 그 일을 두고두고 칭찬하셨다.

올해 2020년은 모든 사람들의 마음속에 마스크의 시대로 기억될 것이다. 외출하다가도 마스크를 두고 오면 반드시 다시 집에 왔다가 나가야 된다. 마스크 없이는 가까운 마트도 교통 기관도 이용할 수 없는걸 보니 애인도 이런 애인이 없다. 공공장소에서 나 혼자만 마스크를 안 쓴다면 그것은 민폐이다. 나도 보호하고 너도 보호하는 이 작은 마스크가 이제 함께 하는 사회생활의 상징이 되었다.

코로나19 초창기에는 마스크를 쓰고 다니는 것이 안 쓴 사람들에게 간혹 긴장감을 주기도 하였는데 이제는 모든 사람들이 한결같이 마스크를 하고 다닌다. 외국 뉴스에서 마스크를 안 쓴 사람을 구타하는 이의 모습이 방영되기도 하여 얼마나 놀랐는지 모른다. 지금 사람들이 받고 있는 질병스트레스의 정도를 가늠할 수 있다.

마스크를 사기 위하여 줄도 서서 기다려 보고 해외에 있는 친척에게 마스크를 보내달라고 부탁도 해보았는데 지금은 여유 있게 마스크를 언제나 구입할 수 있으니 불행 중 다행이다. 우리나라가 선진국 대열에 있어서 코로나19 검사도 빠르고 치료도 훌륭하게 받을 수 있으니 얼마나 감사한 일인지 모른다. 더구나 이웃 나라들에게도 도움도 주고 있다.

며칠 전 방송에서는 인도의 빈민층이 코로나19 사회적 거리두기로 행동의 제약을 받아 일을 할 수가 없어서 생활에 큰 곤란을 겪는 것을 보았다. 그들은 하루 일해서 하루 벌어 먹고 사는 사람들이다. 정부에서 주는 배급으로는 그 수요를 감당하기가 턱없이 부족하였다. 남미의 여러 나라들도 마찬가지 상황으로 코로나19 보다 더 힘든 게 굶주림이라고 항의하는 모습을 보며 마음이 아팠다. 통제만이 능사가 아니라 다른 해결책도 필요한 것 같다.

각 나라마다 문화와 언어가 다르듯이 질병의 양상도 다르리라 생각했는데 같은 질병으로 전 세계가 하나로 묶이는 것을 보며 두려운 마음도 들게 된다. 두려움으로 하나가 되어 하나같이 마스크를 쓰고 다니는 것이다. 인류의 운명이 이 한 장 마스크에 달려 있는지도 모른다는 생각이 든다.

마스크를 벗고 전과 같이 다시 일상 생활로 돌아갈 수 있을까. 학생들이 학교에 모여서 함께 뛰어 놀고 공부하며, 교회나 성당에서는 모두들 함께 모여 예배와 미사를 드리고, 모두들 한 자리에 둘러 앉아 정답게 식사를 할 수 있는 그 날을 기다리며 우리는 오늘도 애쓰고 있는 것이다.

잠깐 재미있는 생각을 해 본다. 마스크 생산 업체들이 폭주하는 물량으로 부자가 되었다면 이 백신을 생산하는 제약 업체는 또 얼마나 부자가 될 것인가.

모든 인류가 이 백신을 열심히 맞아야 되겠구나 싶다. 인류의 질병을 퇴치하기 위하여 끊임없는 노력이 있어왔고, 우리는 또한 태어나면서부터 많은 백신을 맞고 살고 있다. 나이가 드니 병원에 갈 때면 독감, 대상포진, 폐렴 등 각종 질병을 위한 예방 백신을 맞으라고 권유를 받는다. 복용하고 있는 약도 만만치 않은데 말이다. 건강관리를 잘못하여 아침마다 한 움큼씩 약을 먹는 것이 내 몸에 미안하기도 하다. 약들끼리 다른 충돌은 없을까? 과연 나는 건강해 지고 있는 걸까? 여행을 가면 서로들 먹고 있는 약통을 꺼내들며 누가 누가 많이 먹고 있나 내기를 하는 것 같다.

우리는 이제 새로운 백신을 하나 더 추가해서 맞고 살아야 될 것 같다.

만약에 마스크처럼, 이 코로나19 백신을 맞지 않으면 행동의 제약을 받는 그런 일이 생기면 어쩌나 쓸데없는 두려움도 엄습해 온다. 젊은이들은 검은 색 마스크를 쓰기도 하는데 그것이 이 기성세대에 대한 말없음표, 침묵시위 같이 느껴지기도 하여 미안한 마음이 든다. 기성세대가 잘못하여 질병을 물려주는 것 같은 생각이 드는 것은 왜 일까.

지금은 세계 모든 나라, 모든 민족이 마스크를 똑같이 쓰고 있다. 이렇게 전 인류가 질병 앞에서 하나의 목적으로 하나의 행동으로 통제 될 수 있다는 것이 놀랍다. 지구상에 70억의 인구가 살고 있는데 누군가 가장 이상적으로 살 수 있는 인구가 5억이라고 하였다는 다소 황당한 말을 들었다. 이 넓은 지구에 5억만 남다니, 그럼 다른 사람들은 우주로 이민을 가라는 것인가 땅 속으로 꺼지라는 것인가? 주어진 자연을 잘 보호하면서 우리에게 허락된 의료와 문화와 정치 및 경제 제도를 잘 관리하여 더 이상 질병의 고통 없이 함께 잘 살았으면 좋겠다는 생각이 든다. 어디에서는 배가 불러서 죽어가고 어디에서는 배가 고파서 죽어가는 그런 세상이 아닌 모두가 사람답게 사는 귀한 세상이 오기를 바란다.

내가 좋아 하는 글 중에 이런 시가 있다.

이 세상에 엄마 없는 아이와

아이 없는 엄마를 한데 모아서
큰 집에서
정답게 살게 해줘요.

    읽을 때마다 마음이 따뜻해지는 시이다. 누군가 황당하게 5억의 인구를 상상하고 있을 때, 이렇게 사랑으로 큰 집을 꿈꾸는 사람도 있었구나. 사랑의 큰 집! 우리가 함께 지어 가야할 집이다.
    망망한 대해에도 바닷길이 있고, 긴 항해에는 등대의 빛이 필요하다. 우리의 인생이라는 배도 언젠가 한 항구에 도달하게 될 것이다. 바다가 잔잔하여 장엄한 태양빛을 온 몸으로 받아내는 황홀한 풍경 속으로 항해할 때도 있겠지만, 풍랑이 일고 태풍이 부는 성난 바다로 항해할 때도 있을 것이다.

    바로 그 때 진리의 등대가 필요하다. 요동치지 않고 그 빛을 따라 잘 항해 한다면 우리는 언젠가 복된 항구에 도달하게 될 것이다. 마스크를 쓰지 않고!

진리를 알지니 진리가 너희를 자유롭게 하리라

(요한복음 8:32)

세느강변에서

 이 세상에서 가장 불쌍한 사람들(Les miserables)은 누굴까? 빅토르 위고의 대 장편 소설을 극화한 뮤지컬 '레미제라블'에서 만난 장발장은 배고픈 조카들을 위하여 빵을 훔치다가 도둑으로 잡혀 5년의 형을 선고받지만 굶주리는 조카들이 걱정되어 네 번의 탈옥을 시도한다. 하지만 번번이 잡혀 형이 가중 처벌되어 19년의 형을 선고 받고 지옥 같은 수감생활을 한다. 한 사람의 삶에 이보다 절망적이고 비참한 일이 있을 수 있을까.
 형을 마치고 나온 중년의 죄수 장발장에게 감옥 밖의 세상은 또 하나의 커다란 감옥이다. 전과자라는 낙인이 찍힌 그는 어디에서도 일자리를 구할 수 없다. 단 하룻밤의 잠자리도 허락하는 곳이 없어 짐승같이 포효하며 울부짖는 장발장에게 누군가 수도원을 찾아가보라고 말한다.
 따뜻한 식사와 편안한 잠자리를 제공한 사람은 도시에서 빈민들을 위하여 봉사활동을 하던 미리엘 주교이다. 그렇게 생각지도 못한 친절한 호의를 받았지만 세상을 적대시하던 장발장은 신부의 집에서 은식기를 훔쳐갖고 달아나다 경찰의 손에 잡혀 신부의 앞으로 끌려온다. 다시 도둑으로 잡혀 간다면 장발장의 인생엔 눈곱만큼의 희망도 없을 것이다. 영원히 지옥 같은 교도소에서 노예처럼 살다 생을 마감할 생각에 체념하던 장발장의 눈빛에서 슬픈 영혼을 본 것일까? 미리엘 주교는 뜻밖의 변호를 한다.
"친구여, 내가 준 이 은촛대는 왜 가져가지 않았소?"
경찰로부터 혐의는 풀렸지만 장발장은 알 수 없는 사랑의 포로가 되었다.
"형제여, 나는 오늘 이 은촛대로 당신의 영혼을 사서 하나님께 드렸으니 앞으로 이 은촛대를 생각하며 바르게 사시오. 당신의 영혼은 하나님 앞에서 이 은촛대보다 훨씬 아름답게 빛나는 것이라오!"
미리엘 주교의 말은 천상의 언어였다. 빵 한 조각만도 못한 취급을 받고 노예처럼 살던 장발장에게 형제라고 불러주며 영혼을 흔드는, 이 기이한 빛의 정체는 대체 무엇이란 말인가?
죄수번호 24601은 세상을 향해 외친다. 나는 이제 자유라고 외치며 새로운 삶을 향해 달려간다. 그의 가슴에 찾아온 한 줄기 빛이 장발장을 다시 사람처럼 살고 싶게 만든다. 한 영혼보다 은촛대의 가치가 훨씬 더 크고 아깝게 느껴진다면 우리는 아직 하나님을 만나본 적도 없는 불쌍한 사람들인지도 모른다.
시간이 흘러 장발장은 마들렌이라는 새 이름으로 신분을 감춘

채 어느 도시의 시장이 되어 있다. 공평하고 자애로운 훌륭한 시장으로 모두에게 존경을 받는다. 그의 가슴에는 언제나 은촛대의 촛불이 켜져 있다. 마리엘 주교처럼 그는 누군가의 삶에 선한 영향을 끼치려 노력한다. 한 노인이 마차바퀴의 깔려 죽을 뻔하자 지체 없이 구해주지만 그 사건으로 장발장의 인생에 다시 먹구름이 찾아온다. 가석방 법을 어기고 달아난 장발장을 끈질기게 추적하던 자베르 형사의 눈에 시장 마들렌이 걸려든 것이다. 자베르는 죄수였던 인간은 죄를 지을 수밖에 없는 본성을 가진 타락한 존재이기에 법의 심판을 받아 감옥에서 썩어야 한다고 주장한다. 율법의 화신 자베르의 신념은 화석같이 견고하고 얼음처럼 차다. 그의 눈에는 장발장의 죄만 보이는 것이다.

그렇게 마들렌을 의심하던 자베르에게 어느 날 진짜 장발장이 잡혔다는 소식이 들려온다. 한 치의 실수나 잘못도 용서할 수 없는 자베르는 마들렌을 찾아가 용서를 구하지만 장발장의 마음은 한 없이 흔들린다. 누군가 자신을 대신하여 감옥에 잡혀간다니! 그는 그 곳이 어떤 곳인지 너무도 잘 안다. 마음속에서 그는 자신과 그를 저울질한다. 자신은 사회에 훌륭한 일을 많이 할 수 있는 시장이라는 위치에 있다. 반면에 장발장의 이름으로 잡혀온 자는 쓸모없이 떠돌아다니는 사회의 부적격자일 뿐이다. 만약 그가 장발장의 이름으로 형을 산다면 시장 마들렌은 매 같은 자베르의 추적에서 영원히 자유로울 수 있는 기회를 얻고 그가 원하는 사회봉사활동을 마음껏 하며 선량하게 살 수 있을 것이다. 시장 마들렌이 도울 수 있는 사람들은 너무 많지만 그 부랑자가 도울 수 있는 사람은 이 사회에 한 사람도 없는 것처럼 보인다. 누가 감옥에 가는 것이 유익한 일인가? 하나님 앞에서 누가 쓸모 있는 인간인지 대체 누가 결정할 수 있다는 말인가? 장발장의 가슴에서 은촛대의 촛불이 흔들린다.

수많은 사람들이 자신을 존경해도, 단 한사람, 꼭 그의 앞에서 인정받고 싶을 때가 있다. 지난 날 진흙탕에서 뒹굴던 자신의 영혼을 소중하다 말해주며 도둑질까지 한 자신을 은촛대로 사서 하나님께 드린 사람이 있었지. 오직 하나님 한 분 앞에서 바르게 서고 싶은 장발장의 마음이 흔들린다.

나는 누구인가. 자신이 24601, 그 힘센 장발장이라고 외치며 그는 법정을 뛰쳐나온다. 시장의 옷을 입었어도, 부랑자의 옷을 입었어도, 하나님 앞에서 우리의 영혼은 다 소중히 빛난다는 것을 장발장은 말하고 있는 것이다.

판틴이라는 여자가 있다.

젊은 날 사랑을 맹세하던 약혼자에게 버림받고 이제는 어린 딸 코제트를 위하여 헌신하는 여자. 멸시받는 미혼모가 되어 온갖 수모를 받는다. 사람들은 자신보다 불행한 사람을 짓밟고 싶어 하는 못된 본성이 있는 것 같다.

오직 딸을 위해서라면 머리도 깎고 이도 뽑고 몸도 팔 수 있는 여자! 이런 가엾은 여자를 등쳐먹는 악독하고 교활한 테나르디에라는 여관집 부부도 등장한다. 그들에게 맡겨놓은 딸 걱정에 판틴은 병들어간다. 어린 딸 때문에 공장에서 쫓겨났지만 생명이 사그러져 가는 그 순간에 애타게 딸을 찾던 그녀는 공장의 사장이던 장발장에게 사랑의 약속을 얻어낸다. 당신의 딸 코제트를 돌보겠다는 약속의 말을 들으며 판틴은 눈을 감는다. 그 여자 가슴에 피어있던 한 송이 아름다운 꽃은 그렇게 장발장의 가슴으로 옮겨 심어진다.

누군가는 사랑의 이름으로 판틴과 함께 만든 딸을 버렸고, 누군가는 딸을 애절하게 사랑하는 엄마의 마음을 이용하여 피도 눈물도 없이 판틴을 착취했고, 누군가는 타인에게 받은 사랑을 갚기 위하여 그녀의 딸을 돌보겠다고 약속한다. 욕심 많은 그들은 자신들의 욕심을 채울 배만 보인다. 눈이 어두워 하늘이 보이지 않는다. 어린 딸을 향한 판틴의 눈물어린 기도가 주님의 마음을 움직였을까? 주님은 이제 장발장에게 코제트를 부탁하시는 듯하다.

장발장은 코제트의 아버지로 제 3의 인생을 살게 된다. 장발장은 코제트를 키우며 사랑하는 일이 얼마나 가슴을 뛰며 행복한 일인지 새삼 느끼며 전율한다. 자신이 아닌 남을 위해 사는 삶이 이토록 아름다운 것임을 깨달은 그의 가슴 속에서 은촛대가 더욱 환하게 불을 밝힌다.

당시 사회분위기는 왕정을 철폐하고 새로운 나라를 위한 시민 혁명을 꿈꾸는 자들로 넘쳐있었다. 코제트는 이 시민 혁명에 가담한 마리우스라는 청년을 사랑하게 되는데 그를 지키기 위하여 장발장은 혁명군에 가담하게 된다. 여기에서 유명한 장발장의 노래가 애절하게 무대를 적신다.

"주여, 이 겁 많고, 연약한 청춘을 집으로, 집으로 보내주소서"라는.

  자베르 또한 혁명하는 청년들을 잡기 위하여 시민군으로 위장하고 그들 사이로 잠입해 들어간다. 그러나 곧 신분이 들통 난 자베르를 처형할 수 있는 기회가 장발장에게 주어지지만 그는 찰거머리같이 자신을 따라다니던 자베르를 놓아준다. 누군가의 생명은 돌볼 수는 있지만 누군가의 생명을 해할 수 있는 권리가 자신에게는 없다고 생각하기에.

  총에 맞은 마리우스를 등에 업고 힘겹게 긴 하수도를 빠져나오는 장발장 앞에 다시 자베르가 나타난다. 장발장은 자베르에게 간곡히 한 조각 마음의 자비를 요구한다. 마리우스를 그의 집에다 데려다 줄 수 있는 시간만을 달라고 그 후에 잡혀 가겠노라고 간청한다.

  청년에 대한 장발장의 헌신적인 사랑 앞에서 자베르의 정의에 대한 원칙이 흔들린다. 자베르는 이해할 수 없다. 왜 자신이 평생 쫓아다니던 범법자에게 목숨을 빚졌으며 그 범법자는 어찌하여 이렇게 한 청년의 목숨을 구하기 위해 애쓰는지? 장발장이 마리우스를 집에다 데려다 주는 그 시간에 자베르는 장발장의 체포를 포기한다. 그것은 자신의 정의에 대한 신념을 포기하는 것만큼 힘든 일이다. 결국 자베르는 세느강에 몸을 던진다. 자베르는 자신을 살려줬던 장발장을 이해할 수 없고 이해할 수 없는 만큼 거역할 수도 없는 영혼의 지진을 경험한다. 그는 무너지는 신념과 함께 강물 속으로 뛰어든다.

사랑하는 딸 코제트와 마리우스가 결혼하던 날, 장발장은 모든 사실을 마리우스에게 다 밝히고 그들의 곁을 떠난다. 장발장의 험난한 과거를 듣고 마리우스의 마음이 살짝 흔들렸지만 테나르디에의 거짓 농간에서 오히려 자신을 죽음에서 구해준 사람이 장발장이라는 것을 알게된다. 마리우스와 코제트는 아버지, 그들의 아버지 장발장에게 달려간다. 사랑하는 코제트의 눈물 속에서 자신을 향한 진실한 사랑을 보며 장발장은 마지막 노래를 부르며 숨을 거둔다. 은촛대가 불을 밝혀주고 있는 방에서.

"내 주여, 나의 주여 그들을 돌보시고 내 영혼 당신의 품으로 데려가 주소서. 그 곳에 아버지 집으로, 아버지 집으로 내 영혼 데려가 주소서!"

세 시간에 걸친 공연이었다. 나는 커튼콜이 끝나고 무대의 막이 내려와도 자리에서 일어날 수가 없었다. 참된 믿음이란 무엇이며 참된 사랑은 무엇인가 생각한다.

사람은 무엇으로 변화되는 것인가? 장발장처럼 사람을 사랑하면 그 사랑 안에서 주님의 얼굴을 보게 되는 것일까?

은혜는 또 다른 은혜를 잉태한다. 마리엘 신부가 장발장에게 베푼 은혜가 판틴에게, 코제트에게, 마리우스에게, 심지어 자베르에게까지 흘러간다. 이 은혜가 사람을 살리는 것이다. 율법이 아니라 은혜가 사람을 변화시키는 것이다. 자베르가 목숨 걸고 지키는 법과 형벌은 죄를 억제하는 역할은 해도 사람을 변화시키지 못한다. 혁명 또한 파도같이 힘이 세도 사람을 변화시키지 못한다. 하나님의 은혜를 깨달을 때 사람은 변화된다.

가난이나 고통이 비극이 아니라 하나님의 은혜를 깨닫지 못하고 살아가는 것이 진짜 비극이 아닐까? 욕심이 많던 테나르디에 부부는 자신뿐 아니라 늘 곁에서 함께 살던 딸의 인생도 비참하게 끝나게 한다. 비록 어린 딸을 품에 안고 살지 못했지만 그 딸을 위하여 간절히 눈물로 기도하던 판틴은 그 딸을 사랑으로 돌볼 자, 은혜를 끼칠 자에게 맡기게 된다. 판틴의 양식은 하루하루의 눈물의 기도였던 것이다.

자신에게 부어지던 은혜를 어렴풋이 느끼면서도 끝내 은혜 안에서 자기 자신을 용서하지 못하고 강에 몸을 던지던 자베르가 가슴에 아프게 남는다. 모든 사람을 힘껏 사랑하고 축복하며 고향 본향 집으로 돌아가기를 기도하던 장발장의 삶과 대조가 된다.

나는 누구인가?
지금 내 인생이 하수구 같은 긴 터널이라고 느껴지는가?
당신은 혹시 그곳에서 신을 원망하며 남의 것을 탈취하는 테나르디에인가? 아니면 끝없이 타인과 자기 자신을 정죄하며 쇠고랑에 묶여있는 자베르의 모습인가? 혹은 은혜 안에서 한 생명을 사랑하고 있는 장발장의 모습인가?

혹시 나를 옭아매는 쇠고랑 때문에
저 차가운 세느 강변으로 걸어가고 있지는 않는지
되돌아 본다.

(2016.02.25)

하나로 선
-사상과 문학-

그녀의 주소

초판1쇄발행 2020년 8월 31일

지 은 이 조자열
펴 낸 이 박영률
펴 낸 곳 하나로 선 사상과 문학사
인쇄기획 엔크

출판등록 제2012-000301호
주　　소 서울시 마포구 토정로198 영풍@101동 상가 204호
전　　화 02) 326-3627
팩　　스 02) 717-4536

메일주소 holyhill091@hanmail.net

I S B N 979-11-88374-21-2 03810
정　　가 12,000원

*인지는 저자와 합의하에 생략하며 잘못된 책(파본)은 교환해 드립니다.

이 도서의 국립중앙도서관 출판예정도서목록(CIP)은 서지정보유통지원시스템
홈페이지(http://seoji.nl.go.kr)와 국가자료종합목록 구축시스템(http://kolis-
net.nl.go.kr)에서 이용하실 수 있습니다. (CIP제어번호 : CIP2020036650)